◆万世一系とは

※宮内庁「天皇系図」を元にした。傍の数字は在位年、下の数字は代数。記載は原則として皇統譜に基づく。

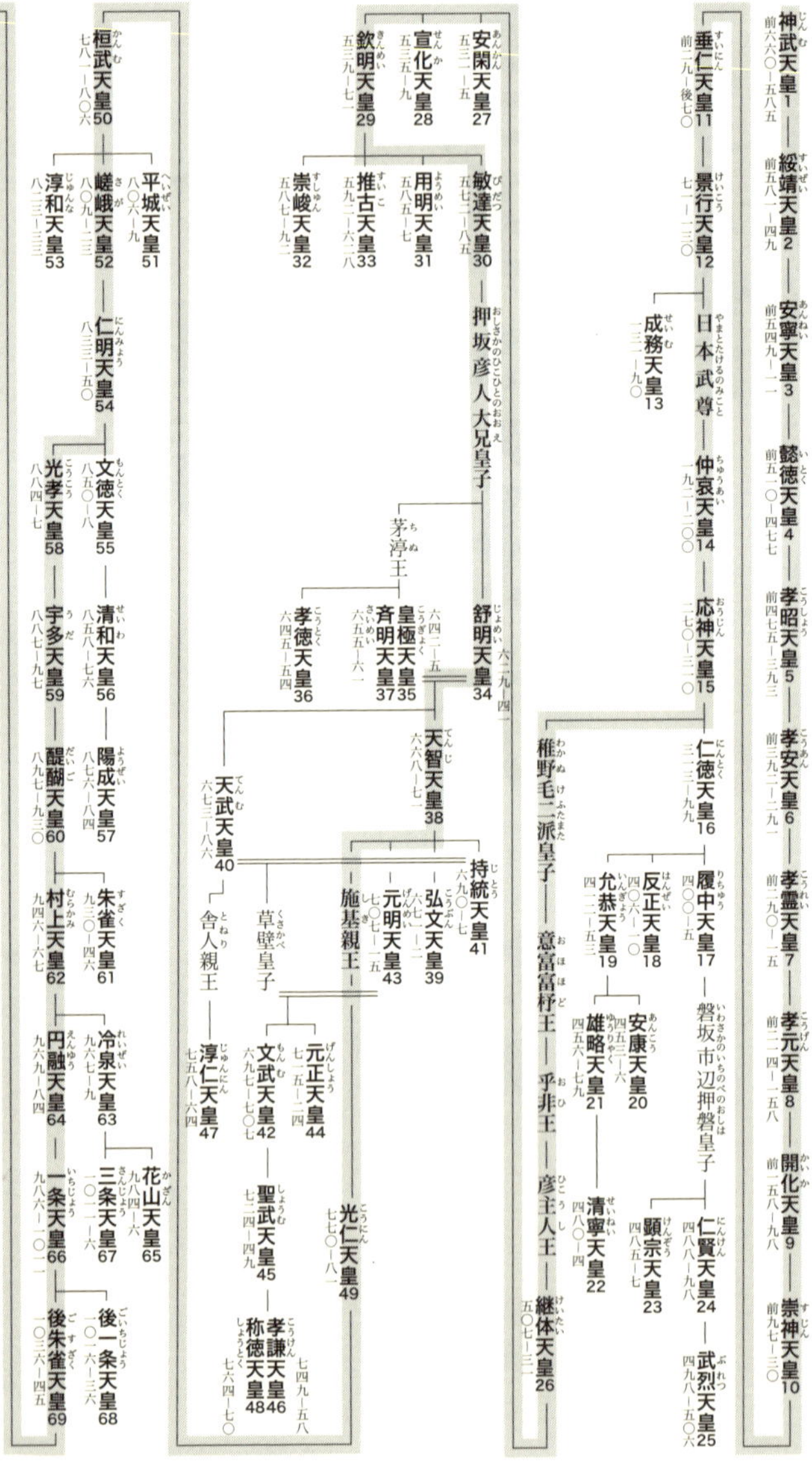

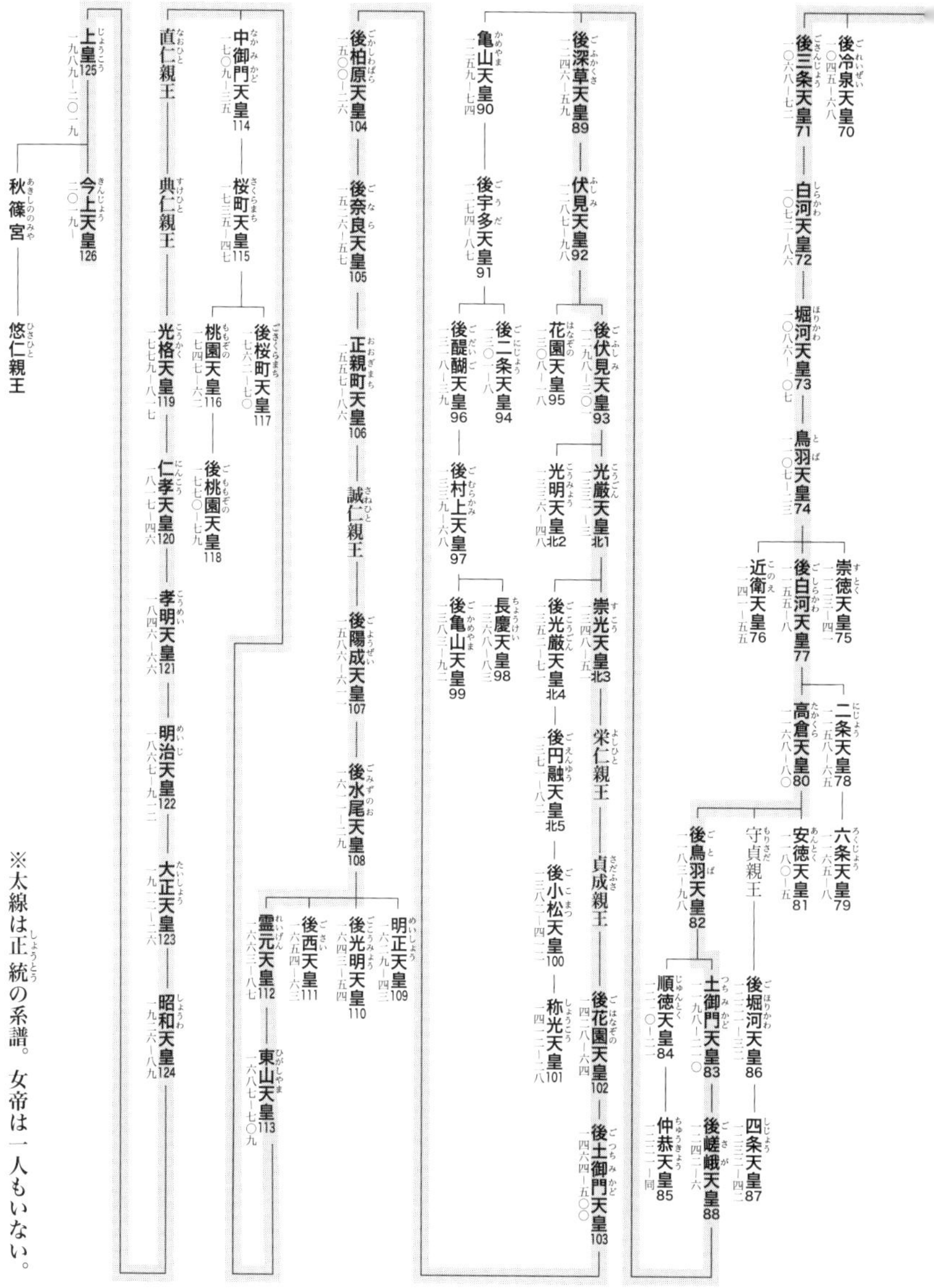

※太線は正統《しょうとう》の系譜。女帝は一人もいない。

はじめに

正田美智子《しょうだみちこ》さん、小和田雅子《おわだまさこ》さん、川嶋紀子《かわしまきこ》さんは、生まれたときは民間人でしたが、今は皇太后陛下、皇后陛下、東宮妃殿下と、皇族でいらっしゃいます。法律用語では、皇太后は上皇后、東宮妃は皇嗣妃《こうしひ》ですが、本書では必要が無い限り古風な呼び方をさせていただきます。

それはともかく、「民間人の女性は皇族になれるのだから、男性も皇族と結婚して皇族になっていいはずだ」とするのが、女系天皇容認論者です。

皇族って、そんなに簡単になれるのでしょうか。蘇我・藤原・平・源・北条・足利・織田・豊臣・徳川などなど、皇室を凌駕《りょうが》する権力を持った者など数多くいました。しかし、その誰も皇室にとって代われませんでした。誰も天皇になれないどころか、皇族になった男子すらいません。越えてはならない一線があったから、皇室は残ってこられたのです。

ところが、女系天皇容認論者の皆さんは、その中のまともな人でも「女性が皇族になれるようになったのは明治の皇室典範からであって、それまでは律令を見ても女性が皇族になれなかったのは明らかだ」と信じていて、「だから、先例なんか無くても、やってもいいのだ。一般人の男性だって皇族になって良いだろう」と、論を飛躍させせます。結論の「一般人の男性だって皇族になって良いだろう」は本当に実現したら、日本の歴史を根本的に変える大事件なのですが、軽く言ってのけてくれています。

本書では、そもそも「女性が皇族になれるようになったのは、明治の皇室典範から」が本当なのかを、検証します。

現行法では、民間人の女性が皇族と結婚した場合、皇族になれます（皇室典範第十五条）。一方で、女性皇族が一般人の男性と結婚した場合、皇籍を離脱して民間人にならねばなりません（同第十二条）。ましてや、配偶者の男性が皇族になることは、絶対に許されません。最近では、小室圭さんとご結婚された眞子《まこ》内親王殿下が民間人の小室眞子さんとなったのは記憶に新しいでしょう。わかっていない人が「小室圭さんには皇族になってほしい」とか言っていましたが、皇室の掟《おきて》では許されないのです。一般人の男子が皇族になるのは、成文法では皇室典範第十五条で禁止されています。しかし、成文法で禁止される以前に、皇室の歴史で一貫して禁止されてきた掟なのです。

皇室は、本質的に男性排除の世界です。皇族の血を引かない男子を、皇室に入《い》れないのです。

これを男女平等に反すると言われても、掟だから仕方ありません。民間人でも女性は結婚により皇族になれるけれども、男性は皇室に生まれなければ皇族になれないのです。皇室の伝統には、そこだけ取り出したら男性差別に当たる部分も多々あるのですが、それを現代の価値観で軽く変えてしまおうとされても困ります。

現在、「皇位継承を男系男子に限っているのは女性差別だ」と言う人もいます。不思議なことに、そういう人が「男が皇后になれないのは差別だ」と言うのを聞いたことがありません。過去に女性天皇は八方いらっしゃいましたが、男性の皇后は一人もいません。男女平等を持ち込むなら、これを男性差別と問題にしなければならないはずです。しかしそれを言う人がいないのが不思議なこと極まりない話です。「外国に倣って皇婿《こうせい》の制度を導入するだけだ」とか言うのですが、そんな制度は日本にはありません。要するに、いかなる理屈を並べても、本音は皇室の伝統を破壊したいだけなので、自分の言っていることの矛盾など気にしないのでしょう。

ただ、「女性が天皇になれないのはおかしい」「なぜ愛子さまが天皇になれないのか」とマスコミが煽《あお》り、そういう言説を信じる人も多いのも事実なので、本書では女帝とはどういう存在なのかも取り上げます。結論から言うと、女帝は「やっても良いけど、ご本人も大変で、後が大変」です。

そもそもですが、天皇や皇后になるのは権利ではありません。平等とは権利に対して言うものです。権利ではないから、平等も何もありません。

初代神武《じんむ》天皇の伝説から今年で公称二六八五年、日本国は一度の例外もなく皇位の男系継承を続けてきました。皇位は多くの例外がありながらも、天皇の息子が継いできました。時に兄弟継承や伯（叔）父甥継承、あるいは親戚間の継承。その時点での直系が絶えたときは、傍系継承で乗り切ってきました。歴代天皇と皇族は全員が、父の父の……と父親だけでたどれば、神武天皇にたどりつきます。たとえば、悠仁《ひさひと》殿下は神武天皇七十三世の子孫、今上《きんじょう》陛下と秋篠宮《あきしののみや》殿下は七十二世、上皇《じょうこう》陛下は七十一世です（数え方により一世ずれる）。

日本は、敗戦で占領軍に徹底的に叩《たた》きのめされましたが、その占領軍が作った日本国憲法の下でも生き残ってきました。その日本国憲法が皇室に対して要求している条件はただ一つ、世襲です（第二条）。

世襲は、絶対に子供が生まれる技術が無い以上、常に不安定です。しかし、公称二六八五年も続けてきました。奇跡です。では、この伝統を続けるのか、やめるのか。

この歴史を無視して、「側室なしの男系継承では続かない」などと、パンピー（一般ピープルの略）の男を皇族に、そしてその子供を天皇にしようとする陰謀が女系天皇容認論です。陰謀と決めつけるのが悪ければ、中身がよくわからない主張です。

女系天皇容認論とは、「女性皇族が一般人の男性と結婚し、その子供を天皇にしても構わない」とする説です。そもそも論ですが、なぜ皇位は男系継承だったのか。逆説ですが、女系継承をやらなかった理由で、証明します。

本当に「女系天皇論」だったら、「天皇の地位を、母方の娘が継いでいく。ただし、女系男子は許される」になります。これを、本当にやろうとしたら大変です。まず、女帝に「男の側室」がいても、皇位継承と何の関係もありません。男は子供を産めませんから。女帝は、天皇をやりながらお世継ぎづくりと出産を自分でしなければなりません。女帝の妊娠中、夫はすることがありません。ただ、妻である女帝が無事に出産を終えてくれるのを待つだけ。

女帝が娘を産んだら嫡子になります。では、男の子しか生まれなかった場合、どうなるか。その男の子は「女系男子」なので皇位継承権がありますが、孫には皇位継承権はありません。親戚の「女系女子」と結婚しない限り。

仮に女系男子の女帝の息子が一般人の女性と結婚し生まれた子供は、男だろうが女だろうが、「男系」になります。皇位継承権はありません。

他に女性皇族がいればその方が継ぎ、次はその方の娘が継いでいくことになります。女帝が天皇をやりながら、自分で多くの娘を産んでいくことを前提にした制度です。

女系継承における夫は、何のためにいるのか？　反感上等で言います。子供も産めないのに。少なくとも、「女系天皇」をやる場合、配偶者の男を皇族にする必要がありません。はっきり男性差別的な発言をしますが、女系継承の場合、夫は「種無し」でなければそれでいい。女性が妊娠・出産するのと比較して、簡単すぎます。だから皇族にする必要があるのか。

現実の男系継承の場合の女性の役割と比べ、楽すぎます。

このように本当に「女系天皇論」をやったら、極めて不合理な制度です。皇室の話で「男系継承死守」か「女系容認論」かと言われますが、生物としての性質上、本物の女系継承は不合理極まりないものです。だから「女系天皇容認論」なのです。

この論の主張は、「生まれてくる子供が男でも女でも、どっちでもいい。女性皇族がパンピーと結婚して、その子供を天皇にしても良い」です。「女系天皇容認論」で大事なのは、「女性皇族と結婚できれば、パンピーの男を皇族にしていい」です。これは、日本の歴史を根本的に変えてしまう論です。

弓削道鏡《ゆげのどうきょう》や足利義満《あしかがよしみつ》が聞いたら失神しそうな主張です。道鏡は神託を偽造して、皇室を乗っ取ろうとしました。義満は皇室から死後に法皇の尊号が贈られたほどで（幕府が辞退）、君臣の別を超えるのに異様に執着した人でした。皇族と結婚しただけでパンピーの男が皇族になれるなら、摂関政治なんてメンドクサイ（しかも不安定）ことも、しなくて済みます。という難しい話は、本文で。

話を本題に戻します。

女系派の主張の根拠は、「女性が皇族になれるようになったのは明治の皇室典範からであって、それまでは律令を見ても女性が皇族になれなかったのは明らかだ。だから、一時《いっとき》の新儀で何をやってもいいのだ。一般人の男性だって皇族になって良いだろう」です。

だから「明治になるまで、民間人の女性は本当に皇族になっていないのか」を検証します。

改めて、なぜ皇位は男系継承なのか。神武天皇の子孫ではない男を皇室に入れないためです。女性は皇室存続に重大な役割があるから、皇室の一員として受け入れる。しかし、男は排除する。どんな権力者も、皇族にはしない。

この本質を知ることは、皇室を知ることです。

皇室の掟

なぜ女性は皇族になれるのか

——目次

序章　議論の前提

第三章　女帝が停止された理由は奈良時代にある

第四章　平安朝の女性たち

第五章　中世の女性たち

【凡例】

・基本的に新字体を使用した。

・原則として西暦表記にしたが、適宜、元号も入れた。

・適宜、天皇の在位年を入れた。

序　章　議論の前提

●世界最長不倒の歴史を変えてしまうのか？

本章では、皇室の歴史を語る上で踏まえておくべき、事実と理論を紹介しておきます。本章前半で女系天皇容認論者の主張、後半で皇室史を理解するのに必要な概念を紹介します。

本題の前に、改めて定義の確認を。

まず皇位の男系継承とは何か。

皇位の継承は、「父親の父親……」をたどると必ず天皇にたどりつく（必然的に神武天皇にたどりつく）皇族に限るべきだ、とする説です。我が国は、公式には二六八五年、これを続けてきました。まったく疑いなく年代を特定できるのは、第三十代敏達《びだつ》天皇が即位した西暦五七二年ですが、ここから数えても一四五三年。ぶっちぎりの世界最長不倒です。二位のデンマークは、千年ありません。

この間、一度の例外もなく、皇位の男系継承を続けてきました。初代神武天皇から何代目までの天皇が架空の話で史実がどこから始まるのかは議論に決着が無いのですが、いずれにしても敏達天皇より何百年も前から、皇位の男系継承は一度の例外もなく行われてきました。

これを昔の言葉で、「万世一系《ばんせいいっけい》」と言います。「万世一系」の「系」は神武天皇の系統の「系」、男系の「系」です。

間違えてはいけないのは、男系女子は皇族にも天皇にもなれます。それに対して、神武天皇の系統ではない男子は、天皇はもちろん皇族にもなれません。皇位の男系継承とは、神武天皇の子孫ではない男子を排除する原理です。非男系排除です。

それに対して「女系天皇容認論」とは、「皇室に生まれた子供が男でも女でも天皇にして良い。皇族女子が一般人の男子と結婚し、生まれた子供を天皇にして良い。配偶者は皇族になれる」です。非男系容認です。

最初の一文の「皇室に生まれた子供が男でも女でも天皇にして良い」は間違いではありません。現在の皇室典範では女帝が禁止されています（皇室典範第一条）が、長い皇室の歴史では容認されていた時代もありました。問題の本質は「皇族女子が一般人の男子と結婚し、生まれた子供を天皇にして良い」です。相手が天皇・皇族でもないのに、生まれた子供を天皇にしたら、皇室の乗っ取りです。その前段階として配偶者を皇族にしませんでした。

女系天皇容認論者にも、マトモな人はいます。愛子殿下がお生まれになる前の、平成中期のことです。秋篠宮家に眞子殿下と佳子殿下がおられましたが、当時の皇太子殿下（今上陛下）にはお子様がおられませんでした。仮に男の子が生まれなければ、皇室が途絶えてしまう。仮に女帝を認めても、配偶者となる男性皇族がいない。だから女帝のみならず、女系天皇を認めねば皇室が途絶えてしまう。との想いで女系天皇容認論に走った人たちです。ただマトモな人は、悠仁《ひさひと》殿下がお生まれになってからは、そういうことを言わなくなりました。

女系天皇を認めるとは、これまでの日本の伝統を変えてでも、天皇の名前が残ればそれでいい、ということです。「次世代の皇族、特に男子がいない」という切羽詰まった状態での議論でした。悠仁殿下がお生まれになった以上、もう数十年は安泰です。女系天皇容認論は、言う必要がありません。

ただ、悠仁殿下にお子様がお生まれにならない可能性もあります。皇室が世襲である以上、常に考え続けねばなりません。

さて、いまだに女系天皇とか言っている人の例を、四つ挙げておきます。

●女系天皇論者の主張その一　これのどこが理想？

【具体例1】君塚直隆氏の妄想

君塚直隆《きみづかなおたか》氏はイギリス政治外交史、ヨーロッパ国際政治史などを専門とする大学教授です。二〇一七年の「天皇の公務の負担軽減等に関する有識者会議」のヒアリングに招かれ、二〇二三年五月、イギリス現国王チャールズ三世の戴冠式《たいかんしき》を伝えるテレビ番組で解説者もつとめた方です。本業では立派な歴史学者です。しかし、我が皇室に関しては、頓珍漢《とんちんかん》な主張を繰り返しています。

そんな君塚氏が「皇室は世界の安寧のために」と題して、「今から一〇〇年後の二二世紀における理想の皇室像」を描いています（御厨《みくりや》貴《たかし》編著『天皇退位　何が論じられたのか　おことばから大嘗祭まで』中央公論新社、二〇二〇年所収、初出は『アステイオン』九一、二〇一九年十二月）。少し長くなりますが、一部を引用します。

徳仁《なるひと》天皇の即位後、皇室は政府、国会、そして国民からの協力の下に、現存する世界で最古の伝統を誇る皇室を存続させるために、皇室典範の改正を成し遂げた。男系男子のみに認められていた皇位継承は、女系女子にも拡げられた。二一世紀初頭までにヨーロッパ各国王室に根づいていた「絶対的長子相続制（性別に関係なく第一子が継承で優先される）」が採用されたのだ。しかもそれは徳仁天皇の長子、愛子内親王から適用された。

さらに、それまで皇族以外の男性と結婚する場合には「臣籍降下」していた女性皇族は、結婚後も皇族としてとどまり、その家族も皇族待遇とされることになった。

二〇四四年、徳仁天皇は父に倣い八四歳で退位した。ここに近代最初の女性天皇として愛子天皇が即位する。第二次世界大戦後に確立し、定着した「象徴天皇制」においては、天皇はもとよりその配偶者にも政治的な野心など示せるはずもない。「皇婿」として愛子天皇の夫となった人物は、かつてのイギリスのエディンバラ公爵や、愛子天皇と同世代のベルギーのエリザベート女王、オランダのカタリナ・アマリア女王、ノルウェーのイングリッド・アレクサンドラ女王らの王配殿下を見習い、妻をよく助け、また子どもたちのよき父親ともなった。

二一二〇年、その愛子天皇の孫が天皇に即位した。愛子天皇のいとこにあたる秋篠宮家の内親王がたや親王にも複数のお子様が誕生され、さらに三笠宮家や高円宮家でも子宝に恵まれ、いまや二〇人ほどの皇族で国内外を問わず種々の公務に勤しんでいる。

（中略）。

こうして二一二〇年の皇室は日本に住むすべての国民にとっての「象徴」であるだけでなく、日本の伝統文化の発信者、さらには世界全体の安寧のための重要な要となっているのである。

これのどこが理想なのか。要するに、「皇室にパンピーの男を入れて子供を増やせば安泰だ」と言っているにすぎません。

申し訳ないけど、一字一句添削できてしまいます。本音は「秋篠宮家に皇位を渡したくない」

で、そこから逆算。もっともらしく「ヨーロッパでは、こういう風にしていますよ」と解説しているだけです。しかもヨーロッパの事例紹介が恣意的《しいてき》。

君塚氏の妄想、妄想としても欠陥品です。本当にヨーロッパに倣《なら》うなら、「徳仁天皇の長子、愛子内親王から適用された」が、おかしい。いま生きている人の皇位継承順位を変えるなど、失礼な話です。ヨーロッパではやらない。たとえばデンマークは王位継承順位を変更して女系継承を認めましたが、法改正以前に誕生した王族には適用されません。ここに詐術がある。

その詐術を見落とすと、「二〇四四年、徳仁天皇は父に倣い八四歳で退位」するのに、なぜ秋篠宮家をすっ飛ばすのかが見えなくなります。秋篠宮殿下は二〇四四年には七九歳です。「高齢なので拝辞」の可能性もありますが、その場合は三十八歳の悠仁殿下に譲位されなければおかしい。そして君塚氏の妄想に基づけば、悠仁殿下に息子が無く娘だけがいれば、その方が「近代最初の女性天皇として即位する」はずです。また「悠仁天皇のいとこにあたる女性宮家当主の愛子殿下の内親王方や他の内親王にも複数のお子様が誕生され、さらに～」のはずです。だから「何が何でも秋篠宮家から皇位継承権を取り上げたいんでしょ」としか思えない。

ただし、君塚氏の欠陥を正したとしても、我が国は「皇婿」など認められません。なぜ歴史が古いほうが、浅いほうの真似をしなければならないのか。君塚氏は学者としては立派な方なのですが、「イギリス王室が好きすぎて」の人です。この方、なんでもかんでも「日本の皇室はイギリス王室に倣え」の人です。

英国公式見解による建国の年は「一〇六六年」です。我が国では第七十代後冷泉《ごれいぜい》天皇（在位一〇四五〜一〇六八年）の御世《みよ》です。イギリス王室など、我が国から比べれば「どこの馬の骨」です。しかも、クロムウェル革命（一六四九－六〇）で、イギリス王室は途切れています。その後、二回も女系継承しているのですが、そこは百歩譲って目をつぶりましょう。

王政復古したチャールズ二世（在位一六六〇〜一六八五年）は、江戸幕府第五代将軍綱吉（在職一六八〇〜一七〇九年）と同時代の人。チャールズ二世の死後、一六八八年から八九年にかけてイギリスは名誉革命が起きていますが、綱吉の家臣の柳沢吉保《やなぎさわよしやす》が大名に取り立てられた年です。「イギリス王室なんてウチで言えば徳川家ぐらいの伝統しかない」と評するのが褒めすぎです。なんで天皇が柳沢家の真似をしなければならないのか？

私、親英派のつもりで、自分の国と同様に外国の王室を尊重する立場ですが、「イギリス様に倣え」と言われると、これくらいは言い返したくなります。ついでに言うと、柳沢家にも何の恨みも無いので悪《あ》しからず。ちなみに近代では柳沢家は伯爵家です。

あえて繰り返します。なぜ我が国が、柳沢伯爵家ほどの歴史しかない国を真似しなければならないのか。

●女系天皇論者の主張その二　国体の破壊を宣言する野党第一党代表

【具体例2】立憲民主党代表野田佳彦氏の本音

立憲民主党の野田佳彦《のだよしひこ》代表は、強烈な女系天皇推進論者として知られます。

令和六（二〇二四）年九月二十三日の臨時党大会で党の代表に選出された、そのすぐあとのYouTube番組「立憲ライブ　新代表　野田佳彦が目指す政治」（十月一日）の対談で、とんでもないことを口走っています。

相手役をつとめる辻元清美氏から「代表ではなく個人として今まで女性天皇のことをおっしゃってきましたでしょ。女系まではいかないの」と訊《き》かれて、野田氏は「胸に秘めながらも言ってはいけないと」と軽く自白。その上で、女性天皇の配偶者が国民のままでは不都合が生じる、同じファミリーで成り立たないから「配偶者もお子さんも皇族にすべきだ」と持論を展開しました。

配偶者のパンピーの男を皇族にするのが、その時点ですでに国体の破壊です。野田氏が言っている「女性皇族とその配偶者のパンピーの男のあいだに生まれた子供が天皇になること」が、女系天皇です。

野田氏は自分が何を言っているのか、本当にわかっていないようです。

誰に皇室のことを習えば、こうなるのか。

●女系天皇論者の主張その三　哀れな漫画家

【具体例3】なぜ小林よしのり氏はおかしくなったのか

小林よしのり氏は「皇位の安定継承問題の打開策は『愛子皇太子』誕生以外ない！」と吠《ほ》えまくっています。

小林氏は「かつては天皇は『男系男子』で継承されるべきものなんだろうと思っていた」と告白しています（小林よしのり『ゴーマニズム宣言SPECIAL　天皇論　平成29年　増補改訂版』小学館、二〇一七年、四八七頁〜五〇二頁）。五十歳当時の自己認識は「強硬な男系派」だったと認めています（小林よしのり『ゴーマニズム宣言SPECIAL　愛子天皇論2』（扶桑社、二〇二四年、二一九頁）。

その小林氏が「愛子天皇論」へと突き進むきっかけになったのが、大学教授八木秀次氏の言動です。平成十六（二〇〇四）年六月にテレビ番組「朝まで生テレビ！」で八木教授と一緒に出演した際に「Y染色体遺伝子論」を聞いて、皇位の男系男子継承への疑問が深まっていき、これはダメだと考えるに至ったと書いています。

もっとも、小林氏でなくともY染色体遺伝子の話などを聞けば、こいつらが言っていることは間違っていると思いたくもなります。「Y染色体遺伝子論」とは、「神武天皇のY染色体遺伝子を持つ者が皇位を継承すべきだ」とする論です。女帝にY染色体遺伝子があるのか。

しかし、逆は必ずしも真ならず。哀れな人です。

小林氏が女系に舵《かじ》をきったのが、神道学者の高森明勅《たかもりあきのり》氏と新幹線で隣り合わせ、高森氏に「側室なしでは皇統は続かない」と「懇々と説得され」たからだったそうです（前掲『愛子天皇論2』二二一頁）。

では、その高森氏はどんなことを言ってきたのか。

●女系天皇論者の主張その四　変節の学者

【具体例4】神道学者、皇室研究者を名乗る高森明勅氏の変節

高森氏の発言を時系列で並べます。

まず前世紀の言論から。

・…これこそ最も本質的な問題点で、女帝はやがて女系継承をもたらす。これを皇室の始祖以来の「一系の皇統」の範囲に含められるのか否か、といふことだ。従前は一貫して男系継承が維持されて来たので、この点は深刻だ。

（「いはゆる女帝論について考へる」（『動向』(3)通号一五六七、一九九七年三月、一七頁）

・明治の典範も今のそれも、皇位継承資格について①皇統に属する、②男系の、③男子――との三重の限定を設けてゐるが（中略）。

無論、皇位継承については、これまでの典範の三条件が厳守されることが最も望ましい。しかし万一、それら全てに拘泥してゐては、何としても皇位の継承そのものが困難となつて了《しま》ふやうな極限的局面に逢着《ほうちゃく》した場合には、女帝や女系の継承が皇統そのものを断絶せしめるものでない以上、可能性として認容し得る法制度上の備へが必要であらう。

（同右、一八頁）

・女帝否認の論拠――「女系」の排除

…これまで世上しばしば見られた女帝容認ないし推進の論には、「男女平等」「男女差別解消」といったいわば人権上の要請を、そのまま次元の違う皇位継承の場に持ち込もうとする、

まことに浅薄な、あるいは悪意ある主張がありました。こうした議論にはとても与《くみ》することはできない

（『この国の生いたち：あなたは「天皇」の起源を知っていますか？』PHP研究所、一九九九年。いわゆる「女帝」は是か非か　一六九頁）

・「…女系子孫の継承を認める思想は全然存在しなかった。日本皇室の万世一系とは、男系子孫一系の意味である」と断じているのなどは、その端的な例です。こうした意見には勿論それ相応に十分な根拠があります。すでに先ほど確認したように、神武天皇以来、男系継承で一貫して来た「事実」がそれです。

しかしだからと言って、皇統＝男系と断定し、限定してしまうのはいかがでしょうか。その「事実」は、幸い過去においては、皇統の中の男系による皇位継承が可能だったということを示しているに過ぎないのではないか。

（同右、一七六頁）

・まづ確認しておきたい大切な事実がある。それは、これまでの皇位継承がすべて、例外なく「男系」による継承であつたといふ、動かすことのできない事実だ。つまり、従来の皇位

継承は男系主義の原則にのつとつて行はれてきたのである。この点は軽視できない。
（わが国と皇室の弥栄のために「改めて問う、『女帝』は是か非か　守るべき本質は何か、日本人として知っておきたい『基礎の基礎』を整理する」『正論』通号三八五、平成十六年七月、一三九頁）

まだまだありますが、キリがありません。

この人、昔は日本の歴史を直視し、男系継承は重い事実だと指摘していました。その上で、女系天皇は最後の手段だと慎重な姿勢でした。また、皇位継承に関して男女平等を持ち込もうとする主張を強く排斥していました。

それが今では遠慮がありません。

最近の発言です。

「今の天皇」＝今上陛下には現にお子様がいらっしゃる。

ご長女の敬宮殿下が天皇・皇后両陛下の愛情溢れるご養育のもとで、お健やかにご聡明に成長していらっしゃる。

にも拘らず、「女性だから」という〝だけ〟の理由で皇位継承資格を認めない明治以来の「男尊女卑」ルール。

それを、昭和皇室典範による「側室不在・嫡出限定」の条件下でも、

（既に持続不可能なのが分かり切っているのに！）

頑なに維持しようとしている。

（ゴー宣ＤＯＪＯブログ二〇二三年十二月七日「皇位継承は今の天皇とどれほど血筋が離れていても問題なし？」）

・国会は自らの附帯決議の原点に立ち返り、これまでのしがらみ《（ママ）》排して「安定的な皇位継承」を可能にする最善の方策を、今からでも真剣に探るべきだ。そうすれば、天皇・皇后両陛下に敬宮《としのみや》（愛子内親王）殿下というお健やかでご聡明、優美にして親しみにあふれるお子様が現におられるにもかかわらず、ただ「女性だから」というだけの理由で皇位継承資格を認めず、「皇太子」にもなれない時代錯誤なルールを改正することこそが、問題解決への唯一の道筋であることに気づくに違いない。
（ＰＲＥＳＩＤＥＮＴ Ｏｎｌｉｎｅ記事「国会の議論はあっという間に行き詰まった…皇位継承問題の解決をこじらせている最大の阻害要因」二〇二四年六月二十八日）

今では過去の自分の言説をなかったかのようにこれまでの皇室の伝統を「時代錯誤」「男尊女卑」と斬《き》って捨てています。

しかし、ある日突然、皇位継承とジェンダー平等は関係ないと言い出します。

ジェンダー平等の理念をそのまま皇室に当てはめて、それを根拠に女性天皇・女系天皇を唱えていると仮定して、それをやり玉に挙げる言説があるようだ

（例えば『ＳＰＡ！』2月27日号）。

白昼夢でも見ているのだろうか。

ジェンダー平等自体は勿論《もちろん》、大切な理念だ。

しかし、女性天皇・女系天皇を認める必要は元々別の理由・根拠から唱えられて来た。

（ゴー宣ＤＯＪＯブログ二〇二四年二月二十八日「女性天皇・女系天皇とジェンダー平等をわざと結び付ける悪意」）

ここで挙げられている『週刊ＳＰＡ！』の記事の筆者は私です。日ごろ高森氏がジェンダー平等と結びつけて皇位継承を論じているので批判したのですが、急に「白昼夢」とか揶揄《やゆ》し出す。そして女系天皇容認論はジェンダー平等とは「別の根拠」として議論をはじめる。

この二月二十八日の前も後も、「ジェンダー平等だから愛子天皇を」と主張している記事は既に紹介しました。愛子殿下が「女性だから」という理由だけで天皇になれないのを「男尊女卑」と斬って捨てたのはどこの誰か。

あげく、八月十四日の記事です。

今の皇位継承順序を秋篠宮家に押し付けることは、ジェンダー平等を目指しておられるご一家の価値観とも、衝突する。

（高森明勅公式サイト　二〇二四年八月十四日「現在の皇位継承順序を見直さない限り安定的な皇位継承は無理」）

この人、秋篠宮家が皇位継承を拝辞し、「愛子天皇」を実現するのがジェンダー平等に適うとまで言い出しています。

過去は「皇室の伝統は尊重するが女系容認やむなし」だったのが、今では皇室の伝統を「時代錯誤」「男尊女卑」と斬って捨てる。さらに、日頃は「ジェンダー平等だから愛子天皇を」と主張していながら、批判されると「それとは違う根拠」と逃げる。しかも、短期間でころころと意見を変え、使い分ける。

これを変節と言わずして、何と言うのか。

こういう人に学べば、おかしくなるに決まっています。

●皇統に属する男系子孫とは

我が国では、一度の例外もなく、皇位の男系継承は続いてきました。そして、大事なことなのでしつこく言います。皇室とまったく縁もゆかりもないパンピーの男が皇族になった例は一つもありません。では、この「まったく」とは、どういうことか。

教科書に載っている皇位簒奪《さんだつ》未遂の例は、奈良時代の弓削道鏡《ゆげのどうきょう》です。「宇佐《うさ》神宮のご託宣が下った」などと称して、単なる民間人の坊さんのくせに、天皇になろうとしました。結果、ご託宣を確かめると「君臣の別」を厳しく戒められました。結論は「神武天皇の子孫ではないパンピーの男子を皇位につけるなどけしからん」です。

ちなみに道鏡、北朝が編纂《へんさん》した初代神武天皇からの皇室の系図である『本朝皇胤紹運録《ほんちょうこういんじょううんろく》』には、天智《てんじ》天皇の息子の施基《しきの》（志貴《しきの》）皇子《みこ》のご落胤《らくいん》だと書かれています。これは後世の風説の流布を記録したのでしょう。道鏡が生きた時代にそのような説が流れていれば、それを利用しないはずが無いのですから。

明らかに皇室覬覦《きゆ》を企てたのが、足利義満《あしかがよしみつ》です（詳細は、小著『嘘だらけの日本中世史』扶桑社、二〇二四年）。覬覦とは分不相応の野心を見せること、ここでは皇室乗っ取りの野望を指します。事実、死後とは言え、義満は法皇の尊号を得ています。足利幕府が辞退しましたが、たとえ死後の一日だけでも「単なるパンピーが皇位を得た」唯一の例です。それでも義満ゆかりの寺はもらっており、今でも相国寺の過去帳には「鹿苑院太上天皇《ろくおんいんだじょうてんのう》」、臨川院の義満の位牌《いはい》には「鹿苑院太上法皇」とはっきりと書かれています。単なるパンピーの男と言って悪ければ、臣下の分際で法皇の尊号を得るなど、その時点で覬覦です。皇室史において、唯一の乗っ取りに肉薄した事例です。足利氏は貴種ですが、皇室から見れば、臣下にすぎません。「臣民」という言葉がありますが、皇室から見れば臣も民もパンピーなのです。

中華世界やヨーロッパでは、「君主・貴族と人民」で越えられない壁があります。いわば「君臣と民」に壁があるのです。しかし我が国では「皇室と貴族・人民」で越えられない壁がありま す。「君と臣民」の壁です。皇室から見れば、権力を持つ貴族も人民も同じなのです。これを

「一君万民《いっくんばんみん》」と言います。「君臣の別」は、ここから来ています。

余談ですが、「ヨーロッパの王室を参考にしよう」とする議論が頓珍漢なのは、諸外国に無い「一君万民」「君臣の別」を無視しているからです。ヨーロッパでは貴族が平気で国王に昇格しますし、中華帝国では平民が皇帝になった事例もあります。

それはそうと義満は、はるか遠いとはいえ男系では一応、第五十六代清和《せいわ》天皇の十七世孫です。その一方で女系、つまり母方でいえば、第八十四代順徳《じゅんとく》天皇の六世孫になります。より正確に言えば、母親の母親の父親の父親の父親が順徳天皇です。そらあ、父方でも母方でも先祖をたどって天皇にたどりつけば皇族になれるなら、皇族数は激増します。

ただ、義満は「自分は清和天皇や順徳天皇の子孫だから」と皇位を覬覦したわけではありません。臣下の分際で皇室を乗っ取ろうとしたので、その野望を表に出すことはありませんでした。ただし当時の公家に対して徹底的に忖度《そんたく》させました（手口の詳細は今谷明『室町の王権　足利義満の王権簒奪計画』中公新書、一九九〇年）。だから死んだ時に、「あの人が生前に望んでいたから」と尊号が贈られたのです。

君臣の別は、独特で難しい概念です。清和天皇の孫の経基《つねもと》王が「源《みなもと》」の姓を賜り、臣籍降下され源経基となりました。その子孫が義満です。義満の「父の父の……」とたどれば、清和天皇に行き着きます。すなわち、血縁だけなら義満は神武天皇の男系男子孫です。しかし、義満はもちろん、経基にも皇位継承権はありません。ヨーロッパの王様や中国の皇帝には姓がありますが、天皇は無姓です。姓がある時点でヨーロッパの王様は貴族と同じような存在ですが、日本では天皇は貴族と隔絶した存在なのです。

皇籍離脱したら、原則として皇室に戻ることはできません。また、その子孫が皇籍を取得することもできません。ただし、この原則には例外があります。

歴史上、皇籍離脱しながら皇籍復帰した例は四十一例、男系子孫の皇籍取得は五例あります（附録3参照）。それぞれ事情があり、簡単に行《おこな》っていいわけではありません。しかし、例外的に行っても良い事例があり、その場合はなぜその例外が許されたのかの条件も考えなければいけません。その時点での都合だけで変えて良いわけではないので。そうでなければ、伝統とは何でもありになってしまいます。

●皇室の本質は非男系の排除

かなり定義がいい加減なまま、「女性天皇」「女系天皇」「女性宮家」の議論がなされています。

まず「女性天皇」の定義は簡単で、女性の天皇です。先例もあるので明確です。女系天皇と混同されますが、女性天皇の先例はこれまで八方、十代を数えます。さらに、先例として公式には数えられていないのですが、実は、神功皇后《じんぐう》と飯豊皇女《いいとよひめみこ》のお二方も女帝です。なお、『本朝皇胤紹運録』で神功皇后は「第十五代」天皇として数えられていますが、飯豊皇女は数えられていません。

問題は「女系天皇」です。

まず、女系天皇の定義が明らかではないのです。中身が「雑系天皇」だったりします。そして女系天皇を容認するかを問題にした場合、争点は女性皇族（含・女帝）と配偶者であるパンピーの男のあいだにできた子供を天皇にして良いかです。男であっても女であっても関係なく、それ以前に、パンピーの男である配偶者を皇族にしてよいのか。

女系といっても、たとえば第四十四代元正《げんしょう》天皇（在位七一五〜七二四年）のように女系かつ男系ならば何も問題はありません。母親が元明《げんめい》天皇で、父親が草壁《くさかべ》皇子です。女系が悪いのではなく、問題は「非男系」です。

また、「女性宮家」もこれまた定義がありません。ただし、先例はあります。幕末、桂宮《かつらのみや》家を淑子《すみこ》内親王が継いで、女性宮が当主でした。女性宮が宮家の当主であるのは問題ないのですが、問題はその場合の配偶者である男性と子供の立場なのです。桂宮家の場合、淑子内親王は婚約者の閑院宮愛仁《かんいんのみやなるひと》親王に先立たれ、生涯独身でした。

女性宮家がパンピーの男と結婚して、その子供を皇族にするとなれば、それは女系宮家です。

許されません。

しかし、女性が皇族として、宮家の当主になるのは問題ありません。現在も三笠宮《みかさのみや》家や高円宮《たかまどのみや》家は女性が当主になっています。三笠宮家当主の信子《のぶこ》殿下は

ですから、こうした例を女性宮家と言えなくもありません。なお、三笠宮家当主の信子殿下は麻生家の出身、高円宮家当主の久子殿下は鳥取家の出身。

問題は、その後をどうするかです。

三笠宮家には、彬子《あきこ》殿下（四十三歳）、瑶子《ようこ》殿下（四十一歳）が独身でいらっしゃいます。高円宮家には、承子《つぐこ》殿下（三十八歳）。もしご結婚なされなければ、両宮家は断絶します。しかも、ご結婚相手が皇族でなければ、宮家から出ていかねばなりません。だからと言って、一般人の男子を宮家に入れるわけにはいきません。

野田佳彦氏は軽く、「女性宮家を創設、配偶者と子供を皇族にしろ」と要求していますが、それは日本の歴史を変えてしまうぐらいの大事件なのです。

●成文法だけで皇室を語ってはならない

一般人の男性は絶対に皇室に入ってはならない。

一方、女性は、一般人でも皇室に入って良いのです。

女系派はそれを「明治の皇室典範以前は結婚しても、一般人の女性は皇族にはなれなかった。井上毅《こわし》が新儀をやったから入れるようになったんだ。だから、新儀をやって一般人の男が皇室に入って何が悪いんだ」と理屈を捻《ひね》り出します。ここに詭弁《きべん》があります。

井上毅は勝手に新儀をやった人物にされてしまっていますが、本当にそうなのか。明治の皇室典範以前は民間人の女性が皇族になっていないのでしょうか。ここが本書の主題です。

大宝《たいほう》元（七〇一）年に施行された『大宝律令《りつりょう》』は、我が国の基本法典です。これが改正され、天平宝字《てんぴょうほうじ》元（七五七）年に施行されたのが『養老律令《ようろうりつりょう》』です。

『養老律令』にある四条からなる「継嗣令《けいしりょう》」が、皇族の定義です。このころ、「皇族」の言葉自体があまり使われず、継嗣令にも皇族の意味で「皇親《こうしん》」が使われています。

また、「皇女」という言葉があります。宮内庁までがこの語を「天皇の娘」と誤用しているのですが、そうではなく、皇女とは「皇親たる女子」です。天皇の娘以外も皇女と呼ぶ用例は『日本書紀』から見受けられます（皇室事典編集委員会編著『皇室事典　令和版』ＫＡＤＯＫＡＷＡ、二〇一九年、五九頁）。

わかりやすい例を出します。愛子殿下と佳子殿下は生まれたときから皇族なので、皇女様です。美智子様、雅子様、紀子様は生まれたときは皇族ではなく一般民間人で、結婚して皇族になったので、皇族ではあるけれど、皇女ではありません。なお誤用によれば、愛子殿下だけが皇女で、もし秋篠宮殿下が即位されたら眞子殿下や佳子殿下が皇女になることになります。皇女とは生まれながらの身分を指しますので、誤用たる所以《ゆえん》です。

このように、今でも皇族の女性には、「皇女たる皇族」と「皇女にあらざる皇族」がいるのです。

女系派の人たちは「生まれながらの皇族たる女子」のみを「皇女＝皇族」とします。民間人出身の女性は皇族になっていなかったとします。皇女と皇族の区別をつけません。

なぜそうなるか、自分の論に都合が良い文字しか見ないからです。

七五七年に施行された『養老律令』は、とっくに滅んで実態がなくなっているにもかかわらず、形式上は実に明治十八（一八八五）年の正式廃止まで残っていました。当然、律令の文字をそのまま運用しているわけがありません。

日本は現行の憲法第九条で戦力を保持しないとなっているのに、自衛隊を持っているのと同じだと言えばわかるでしょうか。

では、文字で書かれたものと、実態とではどちらを優先するのか。二者択一にする気はありませんが、実態を見ない形式論に意味が無いのは自明でしょう。

●「皇室法」の中核は「憲法習律」

成文法だけでなく、不文法を見ろ。これは、帝国憲法時代の憲法学者であれば当たり前でした。通説を発展させた美濃部達吉《みのべたつきち》先生の著書『憲法撮要《けんぽうさつよう》』（有斐閣、一九二三年）を見ても、版によって内容が異なるところがあります。なぜ異なるのかの理由は簡単で、状況が違うからです。たとえば「憲政の常道」に関しても、成立しろと言っているとき、できたとき、あっという間に潰《つぶ》れた後では、書き方が変わるのは至極当然です。だからこそ、美濃部先生の本のどの版でも「不文法を見ずに、成文法だけを見ていては法の解釈などはできない」との教えは一貫しています。

美濃部先生が「習俗的規律」と表現する、憲法習律という概念があります。英国憲法のconstitutional convention の訳語です。憲法習律の定義は「法体系に組み込まれた慣例」です。本書で極めて重要な概念なので、ここで説明しておきます。

イギリスには「憲法が無い」とよく言われます。この「無い」は、存在しないとの意味ではありません。『日本国憲法』とか、『アメリカ合衆国憲法』のように文字で書いてまとめた『イギリス憲法』と呼ばれる統一的憲法典が無いだけ、との意味です。

イギリスには至るところに憲法があります。単なる法律なのに憲法として扱われている「憲法的法律」もあれば、議会先例集も憲法で、古典として読み継がれてきた憲法学の著書は権威書として扱われています（詳しくは、小著『自由主義憲法　草案と義解』藤原書店、二〇二四年を参照）。それらを含め、イギリス憲法の中核となるのが憲法習律です。

では、何を以《もっ》て「法体系に組み込まれた慣例」であると言えるのかというと、それは誰にもわかりません。なぜか。

イギリス憲法と国際法の、特に慣習国際法の考え方は同じで、「破られるまでが法である」との考え方です。つまり、法とは、いくら文字に書いてあっても守らなければ意味がありません。実態として生きている事実を重視するのがイギリス憲法です。そして、理論上は成文法ではないので破ってもいい。でも、実際上は破れません。

具体例を挙げます。

イギリスで、確立された憲法習律の一つに総理大臣の指名があります。

総選挙後に第一党になった党の党首がバッキンガム宮殿に、そのときの国王（あるいは女王）に総選挙の報告をしに行くと、その場で国王（あるいは女王）が「卿《けい》を、次の総理大臣に任命する」と告げ、首相に任命された第一党党首は帰っていきます。

そして、これは破ってもいいのです。最近、破られた例がありました。エリザベス二世の最晩年、女王が病気で静養中だったのでバッキンガム宮殿ではなく、スコットランドの居宅バルモラル城に、与党保守党の党首になったリズ・トラスがそれを報告しに行き、新首相に任命されました。成文法で固定されていないので、こうした応用が利くのです。ただ、何となく守らなければならない、本質的な掟《おきて》があります。

関係のない人が行っても入れてもらえません。でも、第一党党首が来たのに入れない、あるいは、第一党党首ではない、関係の無い人を呼んで首相に任命するなど、やってはいけません。「それをやってギロチンにかけられる覚悟がありますか？」との緊張感が、イギリス憲法を支えています。ただし責任が取れるなら、慣例に縛られなくて良いのです。

エリザベス二世の父方の祖父である国王ジョージ五世が、実際にその憲法習律を破った例があります。世界恐慌の最中の一九三一年、マクドナルド首相は与党労働党から除名され、野党の保守党・自由党を抱き込んで挙国一致内閣を作り、信を問うべく総選挙を行いました。結果は、保守党が圧倒的多数党になりました。

本来ならば第一党になった保守党から総理大臣を出すところなのですが、マクドナルド首相の信を問うたところ国民が勝たせたのだから、マクドナルド首相を続投させると国王が独自の判断をしました。

こういった、いざというときに柔軟な運用をするために成文法で縛らないのが、憲法習律の奥《おう》義《ぎ》なのです。ならば、なぜ大抵の国がそれをしないのか。それは、文字で禁止しておかなければば、勝手に破る輩《やから》が続出するからです。

これが憲法習律の概念です。

今の日本にも、憲法習律はあります。

具体例その一。東京が日本の首都である。

日本国の法律のどこにも「東京が日本の首都である」とは、書いていません。しかし、誰もそれを疑いません。

東京が日本の首都であるというのは憲法習律です。京都人が半分本気、半分冗談で「今でも京都が首都だ」と言ったとしても、それを本気にしてその通りに運用する日本人はいませんし、言っている当の京都人でさえ、口ではそう言ってもそれが通っているとは思っていません。現実の運用として、日本の首都は東京であり、またそうでなければ困るわけです。

具体例その二。衆議院議員しか総理大臣になれない。

憲法上、参議院議員でも総理大臣になれるのですが、事実上は禁止されています。だから、自民党の林芳正《はやしよしまさ》さんや世耕弘成《せこうひろしげ》さんなどは総理大臣になりたくて参議院から衆議院に鞍替《くらが》えしたと言われています。衆議院議員になったら、総理大臣候補と目されるようになりました。何の明文上の法律的根拠は無いのですが、不文法として存在しています。

美濃部先生は摂関政治（外戚政治）も幕府政治も、そして憲政の常道も憲法習律だとしています（美濃部達吉『憲法撮要』改訂第五版、有斐閣、一九三二年、三刷、一一五頁）。摂関政治も幕府政治も、律令に縛られない現実の運用として機能しました。ただし何をやっても良いわけではなく、守らねばならない掟の範囲内です。

摂政も関白も律令の規定には、どこにもありません。律令以前から摂政はいました。摂政とは女帝や幼帝だったときに、天皇に代わって行う、つまり、代行です。天皇の代行の摂政には皇族しかなれませんでした。

ところが、時代が下って、第五十五代清和天皇の太政大臣《だじょうだいじん》が藤原良房《ふじわらのよしふさ》で、事実上、天皇や上皇の代行をしていました。良房は、応天門《おうてんもん》の変（貞観《じょうがん》八年・八六六年）のときに、「天下の政《まつりごと》を摂行《せっこう》せよ」との清和天皇の詔書をもらっていますが、「お前を摂政にする」と言われた事実はありません。

良房の死後、良房の養子で後継者の藤原基経《ふじわらのもとつね》が、良房を人臣（皇族以外の臣下）最初の摂政だ、ということにしたのです。いきなり新儀として、良房を人臣最初の摂政にしたわけではないのです。

細かいことですが、関白とは摂政の前官礼遇《ぜんかんれいぐう》、つまり、摂政を退官したときに受ける待遇でした。それが、最高の臣下が天皇の成人後も、天皇の第一の補佐として権力を事実上振るう人が、関白と呼ばれるようになりました。このように、徐々に先例に准じて、現実に合わせて運用を変えてきたのが平安時代です。そうした事実が積み重なり、摂関政治になったわけです。

摂関政治の行き詰まりのあと、院政になり、そして幕府政治が出てきて、関東で行っていたら、済《な》し崩し的に全国に広がっていきました。当然、幕府政治など、律令のどこにも想定されていません。

こうした現実、憲法習律の概念を見ず、とっくに死文と化している律令の条文とだけ睨《にら》めっこするなど、何か意味があるのでしょうか。

成文法だけが法だと思っているのは、戦後日本人の大いなる勘違いです。戦前までは不文法も含めて法だと思っていました。現在でも、成文法以外にも法はあります。

美濃部先生は『憲法撮要』に、「実定法」とは何かを筆を尽くして書いています。法律の条文だけではなくて、あらゆる事象を総合して物事を見なければいけないとの哲学を延々と書いています。条文の文字と睨めっこして解釈をひねり出すのを、法学とは呼びません。

イギリスでは王室に関する法は憲法の一部と扱われていますが、我が国の皇室法も同じです。他の法律は条文を見て、迷ったら憲法の条文に照らせば事足りますが、憲法だけはそうはいきません。憲法の一部である皇室法も、また同じ。

●日本国憲法と「皇室法」

本来ならば、現代でもこの考え方はなければ困るはずです。

しかし、大方の日本国憲法を信奉している護憲派の皆さんは、日本国憲法の条文が日本国の憲法のすべてだと思い込み、日本国憲法の発想だけで考えれば良いとしているのです。ただ、それは日本国憲法においても間違いです。

憲法には二種類あり、一つは形式的憲法。これは文字で書かれた文です。そしてもう一つが、実質的憲法です。日本で最も権威ある憲法学の教科書である芦部信喜《あしべのぶよし》が書いた通称〝アシベの憲法〟、その著書『憲法』で曰《いわ》く、憲法とは「国家の統治の基本を定めた法」であり、「成文であると不文であるとを問わない」と。ちなみに、この定義は芦部先生の後継者の弟子で、〝四人組〟と呼ばれる野中俊彦、中村睦男、高橋和之、高見勝利の各氏の教科書でも一文字変わらず踏襲されているので、オーソリティブックと捉えて良いわけです。大事なことなので繰り返しますが、日本国憲法においても実質的憲法は存在します。皇室法は、その実質的憲法です。

ただし、〝皇室法〟と名付けられた成文法はありません。

二〇二四年九月に亡くなった最高裁判所判事であった園部逸夫《そのべいつお》氏は皇室法の権威で、その著書にも『皇室法概論』『皇室法入門』など、タイトルに〝皇室法〟と入った本が多くある人です。

園部氏は皇室法を「皇室を対象とする諸規範の集合」と定義し、その法源は「制定法、慣習、先例、条理、伝統等が考えられ」と書いているわけです（園部逸夫『皇室法概論　復刻版』第一法規、二〇一六年、七頁）。

日本国憲法においても不文法を見なければ、皇室の伝統などは宇宙の彼方《かなた》に消えていってしまいます。仮に憲法の文字に書かれていることさえ守れば、皇室典範を好き勝手に変えて良いなどとの発想で、皇室の伝統を踏みにじられては困るのです。これを認めてしまえば、何が伝統かは、一時《いっとき》の国民の多数決で決めて良くなります。

女系容認派の拠《よ》り所は、「一時の多数決で何を決めても良い、皇室の伝統も作り変えて良いし、何が皇室の伝統かも決めて良い」です。

日本国憲法第一条に「天皇は、日本国の象徴であり日本国民統合の象徴であつて、この地位は、主権の存する日本国民の総意に基く」とあります。この「総意」を〝一時《いっとき》の多数決〟と勝手に解釈して、〝一時の多数決〟で日本を共和制の国にして良いのだとする解釈は、国会議員であれば、さすがに立憲民主党の野田佳彦さんでも恥ずかしくて言えません。

しかし、マスコミを中心に、女系派は「何が伝統かを、一時の多数決を〝国民の総意〟と称して、好き勝手に決めて良い。だから女系天皇をやって良いのだ」と煽《あお》っています。

皇室を議論する場合、根本の発想から食い違っています。だから根底から議論せねばならないのです。

第一章　神話と伝説の女神様

◆神代の系図

別天津神《ことあまつかみ》（独神五柱）

天之御中主神《アメノミナカヌシノカミ》—高御産巣日神《タカミムスヒノカミ》—神産巣日神《カミムスヒノカミ》—宇摩志阿斯訶備比古遅神《ウマシアシカビヒコヂノカミ》—天之常立神《アメノトコタチノカミ》

神世七代《かみよななよ》

国之常立神《クニノトコタチノカミ》（一代）—豊雲野神《トヨグモヌノカミ》（二代）

女神　男神

須比智邇神《スヒヂニノカミ》（三代）宇比地邇神《ウヒヂニノカミ》

活杙神《イクグイノカミ》（四代）角杙神《ツヌグイノカミ》

大斗乃弁神《オオトノベノカミ》（五代）意富斗能地神《オオトノヂノカミ》

阿夜訶志古泥神《アヤカシコネノカミ》（六代）淤母陀琉神《オモダルノカミ》

伊邪那美神《イザナミノカミ》（七代）伊邪那岐神《イザナギノカミ》

別天津神—**神世七代**（七代）

伊邪那美神《イザナミノカミ》＝伊邪那岐神《イザナギノカミ》

天照大御神《アマテラスオオミカミ》＝須佐之男命《スサノオノミコト》

天之忍穂耳命《アメノオシホミミノミコト》—邇邇芸命《ニニギノミコト》—火遠理命《ホオリノミコト》（山幸彦）—鵜葺草葺不合命《ウガヤフキアエズノミコト》—**初代神武天皇**

須佐之男命—須勢理毘売《スセリビメ》

※『古事記』『日本書紀』より

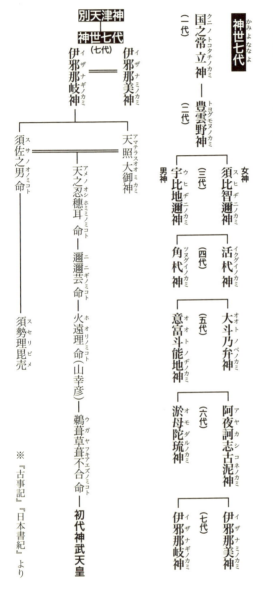

●イザナミ――はじまりは、よくわからない話だらけ

自分たちの神様を何と呼ぶのか。

キリスト教徒で「ゴッド」、イスラム教徒で「アラー」と呼ぶのを知らない人は、一人もいません。

では、日本は？　日本の場合、最初の神様を何と呼ぶのか、実はよくわからないのです。

日本の国のはじまりを伝える『古事記』はよく整理されているので、皆が頼りにします。ところが、日本最古の正史である『日本書紀』は、多くの異説を並べ立てていて、かなり正直に「よくわからない」と書いています。つまり、日本の創造主は誰なのか、よくわからないから名前を覚えようがない。

『古事記』で天地開闢《かいびゃく》を記す節に、造化三神《ぞうかさんじん》と総称される三柱《はしら》の神が登場します。『日本書紀』にも別天津神と呼ばれる神様が登場しますが、『古事記』とかぶりません。その三柱の神は「独《ひとり》神《がみ》」とされるだけで、男女の性別が分かれていません。いきなり登場したかと思うとすぐに消えて、再登場無しなのでよくわからない、皆、そういう神様ばかりなのです。

ちなみに、神様は「〇柱《はしら》」と数えます。

そのあとに続く、神世七代《かみよななよ》と呼ばれる十二柱の神様の三代目から男女に分かれ、以降は二柱と数えます。分かれた男神と女神は、基本的にきょうだいです。兄妹なのか姉弟なのか、わかる神様とわからない神様が混在します。

神世七代の七代目に現れたのが、イザナギ・イザナミです。イザナギ・イザナミになると、名前ははっきりしていて、昔の日本人は全員が知っていました。

イザナギ・イザナミは結婚し、国を産み、神を産みます。

イザナミは火の神カグツチを産んだときに、陰処《ほと》を焼かれて大ケガを負ってしまいます。ここから、普通の人間の女性のような出産をしているのがわかります。

イザナミはこの傷がもとで死んでしまうのですが、死にかけているときにも、吐瀉物《としゃぶつ》や糞尿《ふんにょう》やらを撒《ま》き散らしながら神々を産んでいます。これがどういうことなのか、よくわかりません。

普通の出産のように生まれる神様もいれば、そうでない神様もいる……。

また、神様が「死ぬ」というのも、よくわかりません。どうやら、黄泉《よみ》の国に行くのが「死ぬ」を意味するようなのですが、イザナミは生きているようにしか見えません。生きているのと死んでいるのとの区別が、これもまたよくわからないままです。

こうした、よくわからない話の中にも、客観的に言えることがあります。

最初は性別が分かれていないので、日本の最初の神様は、聖書のゴッドのように男の姿をしていません。聖書では、神が自分の姿に似せて、アダムを作っています。そして、アダムのあばら骨から女が作られました。そこから男女差別が始まっているのです。あちらの世界での男女差別の根拠は、聖書なのです。だから欧米のリベラルは、キリスト教を否定するのです。

また、コーランはイスラム教の天国を「快適な楽園だ」と教えます。立派な寝椅子があって、そこにある酒はいくら飲んでも頭痛も起きなければ、前後不覚にもならず、好きな果物、おいしい鶏肉は食べ放題。しかも、黒い真珠のような瞳《ひとみ》の処女が大勢仕える。実際にパレスチナで自爆テロ未遂を起こした十四歳の少年が天国では七十二人の処女が待っているとの約束を信じて、自爆を請け負ったとか。これが女の人にとって天国なのか、私にはよくわかりません。

さらに言うと、仏教で女の人は、ケガレです。

日本の神話はよくわからない話だらけだけど、明確な男女差別はありません。

●アマテラス――我が国には神話の時代からジェンダー差別が無い

イザナギは黄泉の国から逃げ帰ります。

ちなみに、「生き返る」事態を「よみがえる」ともいうのは、「黄泉の国から帰る」の意味からきています。

イザナギは黄泉の国から戻る途中の河で禊《みそぎ》をし、そこで多くの神が生まれます。アマテラス、スサノオもそのとき生まれました。なぜ男の神様が禊をすると神様が生まれるのか、よくわかりません。

イザナギ・イザナミから生まれた子供がアマテラス。次がツクヨミと名前だけはわかっていますが、なんだかよくわからない神様。そして末っ子のスサノオです。

イザナギは、アマテラスには天を、ツクヨミには夜を、そしてスサノオには海をそれぞれ支配するようにと命じます。他にも禊の際に幾柱もの御子である神が生まれているのに、なぜこの三柱の神に命じたのかも、また、どういう理由の役割分担かも、よくわかりません。

スサノオは神様のくせにマザコンで、いきなりお母さんに会いたいと大泣きして大暴れして、お父さんの命に従わなかったと追放されてしまいます。およそ神話とは思えない、実に人間的すぎる、よくわからない話です。ちなみに、スサノオがギャーギャー泣き喚《わめ》くだけで天変地異が起こりますので、迷惑だからと追放になりました。

スサノオは追放される前に、お姉さんのアマテラスにおとなしく挨拶《あいさつ》に行きます。しかし、アマテラスはスサノオが、てっきりケンカを売りにきたと勘違いし、武装して警戒したので大騒動となってしまいます。

アマテラスは日本で最初に男装した女性です。ついでにいうと、史上初の女装は第十二代景行《けいこう》天皇の皇子の日本武尊《やまとたけるのみこと》です。これらの事実は、ＬＧＢＴに寛容なのを示しています。

なぜ、寛容だと言えるのか。中世ヨーロッパなどでは、女装や男装をするのは死刑になる理由になるからです。だからジャンヌ・ダルクは殺されました。日本人が今さら、「ＬＧＢＴに寛容になれ」と言われても、「何の話ですか」としか言いようがない。なぜなら我が国は、神話の時代から、ジェンダー差別をしていないのですから。神話の時代から近代まで、日本人がジェンダー平等に寛容な国であった通史として、山口志穂『オカマの日本史』（ビジネス社、二〇二一年）をどうぞ。

それはさておき、アマテラスとスサノオは「誓約《うけい》」と称する謎《なぞ》の勝負を始めます。誓約の場面は『古事記』、そして『日本書紀』には正文と「一書に曰く」とした異説が三つあり、合計五つのバージョンが記されています。勝負なのに、明確なルールを決めていないのが、まず謎です。

スサノオは「神に誓いをたてて誓約をし、それぞれが生んだ子供によって、私の心が清らかかどうかを決めよう」と提案します。まず、アマテラスがスサノオから受け取った「十拳の剣《とつかのつるぎ》」を嚙《か》み砕くと、女の神が三柱生まれ、次に、スサノオがアマテラスから受け取った勾玉《まがたま》を嚙み砕くと、男の神が五柱生まれました。この勝負の展開がまったくわからない……。

アマテラスは、勾玉から生まれた男の神は自分の子供だと言いだし、スサノオは「私が渡した十拳の剣から女の神が生まれたのだから、私の心は清らかで、私の無実は証明された」と反論します。女の子が生まれたら、なぜ自分の心が清らかだとの証明になるのかは、よくわかりません。

このときに生まれた男の神の一柱が、男系かつ女系の、神武天皇の高祖父《こうそふ》、つまり、祖父母の祖父のアメノオシホミミノミコトです。

結局、アマテラスとスサノオの「誓約《うけい》」はどちらが勝ったのか、よくわかりません。そもそもルールがよくわからないのですから、何が勝ちなのか、わかるはずがありません。

もっとよくわからないのは、このあとのスサノオの狼藉《ろうぜき》です。田の畔《あぜ》を壊すわ、宮殿に糞尿を撒き散らすわ、皮をはいだ馬を投げ入れるわ、などなど。なぜそんな暴挙に出たのかもわかりません。

あまりの悲惨さにアマテラスは天岩戸《あめのいわと》にお隠れになるのですが、出てきてのち、ニニギノミコトに天孫降臨を命じます。展開が早すぎてついていけない人もいるかもしれませんが、要約するとこうなるのですから仕方ありません。

ところで『日本書紀』では、アマテラスが天孫降臨を命じたと言われているのは、異説扱いです。『日本書紀』が「これが一番正しいだろう」と伝える正文では、天孫降臨を命じたのはタカミムスヒノミコトです。

日本古代史家の大津透先生は、本来の皇祖神はタカミムスヒであって、六世紀ぐらいからアマテラスが皇祖神になったのではないかとしています（大津透『天皇の歴史1　神話から歴史へ』講談社学術文庫、二〇一七年、九九～一〇〇頁)。大津先生も、なぜアマテラスが皇祖神になったのか、決定的な理由はわからないとしています。また、同じく日本古代史専門家の武光誠先生に至っては、アマテラスは男性だったと言います(武光誠『誰が天照大神を女神に変えたのか』(PHP新書、二〇一六年)。

さて、ここまで紹介してきた内容をすべて史実として教えたら、イカレた皇国史観になってしまいます。かといって、これを全部史実ではないと切って捨てて、思考停止してしまう戦後歴史学も頭がオカシイ。なぜ、そういう伝わり方をしたのかが、神話を読み解く上で非常に大事なのです。

『日本書紀』がこういう伝わり方がなされていると、異説も含めて全部拾って載せているのは、極めて誠実な記述態度です。

こうしたよくわからない話だらけの中で絶対確実なことがいくつかあるので、それを読み解くのが歴史学です。

●伝説の時代――女は皇室の家族になれる

とにもかくにも、天孫降臨でニニギノミコトが、その場所を選んだ理由はわからないものの、なぜか宮崎県の高千穂《たかちほ》に降り立ちます。ニニギの曾孫《そうそん》のワカミケヌノミコトが東征を成功させ、初代神武《じんむ》天皇となります。神武東征《とうせい》です。

しかし、天孫降臨をしたニニギノミコトから、曾孫の神武天皇までのあいだの全員の事績がわかっているわけではありません。

ニニギノミコトの息子が有名な山幸彦《やまさちひこ》で、神様のくせにお兄さんを騙《だま》し討ちにした酷《ひど》い奴《やつ》です。山幸彦の息子にして、神武天皇のお父さんである鵜葺草葺不合命《ウガヤフキアエズノミコト》は何をしたのかはさっぱりわかりません。ただし、ここまでの歴代神様は、全員が男系継承です。つまり神武天皇の父親の……とたどるとイザナギです。「間に皇祖神のアマテラスは女神さまではないか」と思うかもしれませんが、スサノオと姉弟かつ夫婦のようなもの。誓約《うけい》がなんだかわからないにしても、二人の誓約からアメノオシホミミノミコトが生まれ、その息子の……が神武天皇です。

神武天皇から、『古事記』はそれまでの神代編《かみのよ》から、人代編《ひとのよ》になります。『古事記』は上中下に分かれていて、上《かみ》つ巻は「神代編」で、「これ、本気にするなよ」と最初から断っているのです。そして、下《しも》つ巻の第十六代仁徳《にんとく》天皇からは、「大体、こんなものだ」との書き方です。仁徳天皇が亡くなった年齢などは相当アヤシイものの、おおむね史実だから信じて良いとの書き方です。そして、上つ巻と下つ巻の中間が、中つ巻です。三巻が綺麗《きれい》に、神話・伝説・歴史に分かれています。

同じように『日本書紀』も全三十巻のうち、最初の巻一と巻二は「神代」と断っています。古代日本人は神話と歴史を区別していて、その中間を伝説とする、驚くほど誠実な歴史態度で語っている人たちなのです。

神武天皇から歴代天皇の奥さんとお母さんが記録に残っています。内容が本当かどうかは知りませんが、由緒が残っています。

神武天皇の時代に「皇后」の言葉はありません。しかし、神武天皇以降の歴代天皇は当たり前ですが人間なので、お母さんは絶対に一人はいます。そして、奥さんがいなければ子供は生まれません。次の天皇のお母さんはどこかにいるわけですから、歴代天皇の奥さんが記録に残っているのです。

歴代天皇の母は、現代に至るまで、すべて記録が残っています。

神武天皇の奥さんは媛蹈鞴五十鈴媛命《ひめたたらいすずひめのみこと》と言って、あとから初代皇后にされているのですが、神様です。本当は地元の有力者の娘であると匂《にお》わせる記述があります。

第二代綏靖《すいぜい》天皇から第九代開化《かいか》天皇までは「欠史八代」と言われ、系譜は残っていても、何をしたのかの実績がほとんど残っていません。ただ、神武天皇から第十三代成務《せいむ》天皇（一三一～一九〇年）まで、すべて父子継承なので、天皇の奥さん（＝次の天皇のお母さん）は全員の記録が残っています。古代においては、神様か、皇族か、有力豪族の娘です。

初めての有力豪族の娘は、第十六代仁徳天皇の皇后となった磐之媛命《いわのひめのみこと》です。葛城襲津彦《かつらぎのそつひこ》という豪族の娘です。磐之媛命は父親の……と、たどれば第八代孝元《こうげん》天皇ではあり五世孫ですが、結婚前は皇族ではありません。女の人は、皇族に生まれなくても、皇室の家族になれると、我が国の伝説は伝えます。『古事記』『日本書紀』いずれも、「磐之媛命は結婚して皇族になったか否か」などと身分に明確に触れることは無いのですが、仁徳天皇の家族になったものとして記述しているのは共通です。

●藤原氏——神話・伝説・歴史を通じて、男は皇室に入れない

一方、イザナギとイザナミの子孫ではない男は、誰一人として天皇の家族になっていません。当時の最有力貴族である藤原氏の多大な影響下で、『古事記』『日本書紀』は編纂されました。藤原氏が特別な家であるとの歴史観は随所に強調されています。では、どのように強調されているか。

藤原氏の祖先は、アメノコヤネノミコトです。神様です。このアメノコヤネノミコトの子孫であることが、藤原氏が特別な地位を占める根拠なのだとの歴史観です。

アマテラスが天岩戸に隠れた際、アマテラスに何とか出て来てもらおうと、皆が知恵を絞って

いるとき、祝詞《のりと》をあげていたのがアメノコヤネノミコトです。また、ニニギノミコトが天孫降臨したときに一緒についてきたのも、このアメノコヤネノミコトです。アメノコヤネノミコト自身は神様なのですが、イザナギ・イザナミの子孫ではありません。もちろん、アマテラスの子孫でもありません。ですから、アメノコヤネノミコトの子孫である藤原氏は、アマテラスの子孫である天皇に取って代われないのだと、自ら洗脳教育をしているぐらいです。

その教育の一例です。養老四（七二〇）年に、『日本書紀』が完成しました。翌年、それを祝して「日本紀講筵《にほんぎこうえん》」が開かれています。日本紀講筵とは、当時、『日本紀《にほんぎ》』と呼ばれていた『日本書紀』全三十巻を読みましょうと大々的に開かれた勉強会です。以後、ほぼ三十年ごとに一回の割合で開かれ、康保《こうほう》二（九六五）年まで開かれています。

藤原の時代にそうした勉強会を通しても皇室はいかにすばらしいのかを伝え、なぜ藤原氏が権力を握っているのかといえば、藤原はアマテラスやスサノオのときからずっとついてきた、別の系統の神様ではあるけれど、神様の子孫であると強調しているのです。

いきなり話は、時空を超えます。

第四十五代聖武《しょうむ》天皇（在位七二四〜七四九年）の皇后、光明《こうみょう》皇后はアメノコヤネノミコトの子孫です。アメノコヤネノミコトの子孫だと男は天皇の家族にはなれないけど、女性は天皇の家族になっているわけです。皇室は、男は万世一系で、イザナギとイザナミの子孫のみの一系に決まっているので、他の家の男は皇族になれませんし、皇室という家には入れません。だけど、女性は家族になれる。

すなわち、他の家の男は排除する原理が、神話から伝説の時代になったときには、既に確立しています。歴史以前の伝統です。誰が考えたのかは知りませんが、そして、ここまで誰一人として、その理由について何の説明もしていません。神話と伝説の時代からそういうものなのです。

●神功皇后――最初の女帝

途中でやめてしまうのですが、皇室は近親結婚だらけです。しばらくは、ひたすら皇族と皇族の結婚が続きます。

『日本書紀』によれば、神功皇后の父は第九代開化天皇の玄孫で、『本朝皇胤紹運録』は神功皇后を歴代天皇に数えています。大正十五（一九二六）年の皇統譜令により、神功皇后は正式に歴代代数から外されてしまいます。その詳細は第七章で触れます。

神功皇后は最初の女帝です。ちなみに、未亡人の女帝の初例です。

とはいえ、伝説の時代なので即位の儀式がよくわかりません。女帝なのか、摂政なのか、称《しょう》制《せい》なのか、そんな区別が無い、伝説の人物です。称制とは、天皇が皇位についていないときに

◆神功皇后の系図

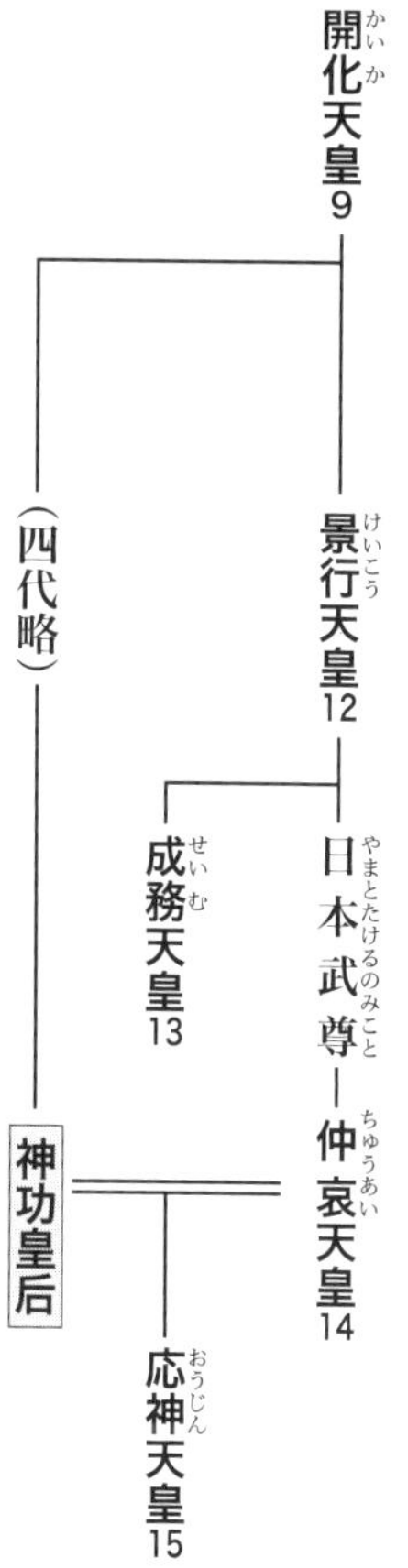

天皇の代わりに政務を行うことで、後に天智天皇《てんじてんのう》が中大兄皇子《なかのおおえのおうじ》と呼ばれていた時代に行いました。

しかも、神功皇后の事績は、結構ＳＦです。石をお腹にくくりつけて出産を遅らせたとか、医学的に一〇〇パーセント嘘だろうというようなエピソードのオンパレードです。

ただ、神功皇后は即位したかどうかはわからなくても、天皇のような仕事を六十何年間行ったとして、『日本書紀』が歴代天皇と同様に一巻を神功皇后の記述にあてているのは事実です。

神功皇后の夫は、第十四代仲哀《ちゅうあい》天皇です。仲哀天皇には他にも奥さんがいて、お兄さんも大勢いる状況で、神功皇后は自分の産んだ子供の、まだ若い息子に継がせるために、他の子供に皇位を渡すものかと居座ります。

神功皇后の後は、悲願が叶って、息子が継いで応神天皇になりました。

●磐之媛命――最初の民間人皇后

その応神天皇の次が、第十六代仁徳《にんとく》天皇です。

仁徳天皇と言えば、有名なのが「民の竈《かまど》」。仁政の見本のように語られる話は、『日本書紀』ではあっという間に終わり、その何倍かの分量で延々と書かれているのが、帝《みかど》の浮気話です。「なんじゃそれは！」と思わず叫びそうなくらいです。「民の竈の話なんて、フツーの天皇で、そんなのは大した話ではない、当たり前の話だ」と言わんばかりで、「まあ一応、書いとけ」ぐらいのレベルなのです。

仁徳天皇の民の竈については、ぜひ、小著『嘘だらけの日本古代史』（扶桑社新書、二〇二四年）にあたってください。

仁徳天皇の奥さんの磐之媛命《いわのひめのみこと》は、武内宿禰《たけのうちのすくね》の男系子孫の女子。武内宿禰は、第十二代景行天皇から仁徳天皇までの歴代天皇に仕えたとされ、第八代孝元《こうげん》天皇の三世孫とされます。ということは、磐之媛命は天皇の子孫なのですが、かなり遠い子孫です。天皇の子孫だけど皇族として

◆磐之媛命の系図

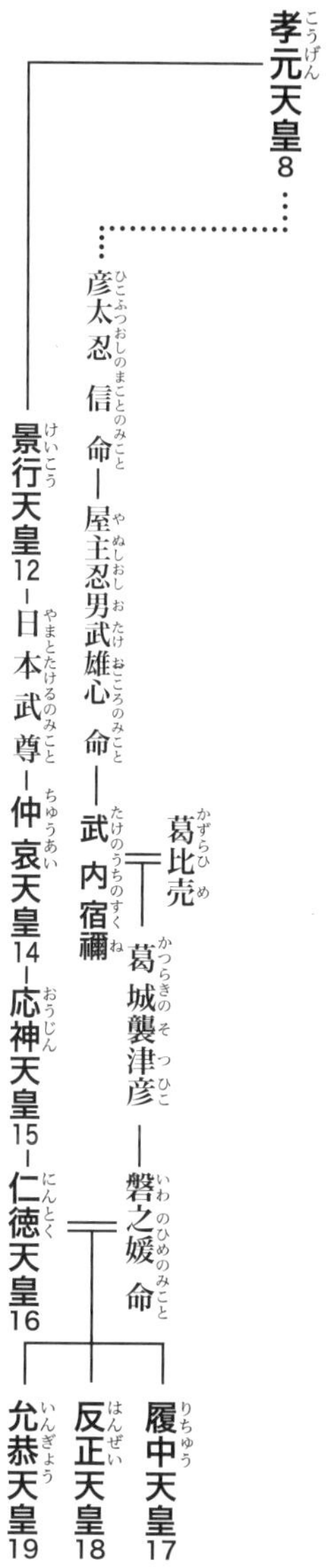

扱われていなかったようです。

仁徳天皇までの歴代天皇の奥さんは、ずっと神様か皇族です。磐之媛命からすると、旦那の浮気を認めて、自分より身分が高い人が来れば、自分の立場がなくなってしまう、いわば、のちの北条政子と同じ立場です。

この磐之媛命を一回の例外として、あとはずうっと皇族出身の皇后で、近親結婚が延々と続いています。ヨーロッパのハプスブルグ家ほど近い関係の結婚ではないですが。中でも、年齢的にちょうど合うのか、叔父—姪の結婚が多いのです。

しかしそれだけが理由ではないようです。のちの時代の第三十八代天智《てんじ》天皇（在位六六八〜六七一年）と第四十代天武《てんむ》天皇（在位六七三〜六八六年）の関係からもわかるように、えてして弟が政敵になるので、自分の娘をやって懐柔するわけです。

磐之媛命は、光明皇后の先例にされた方です。

さて、皇位は初代神武天皇の伝説から今上天皇まで、一度の例外なく男系継承を続けています。神武天皇の父親の……とたどるとイザナギにたどりつきます。つまり神世七代から今に至るまでの伝統なのです。

そして、皇統の系譜を継がない男子は、皇室に入れない。皇族になれません。しかし、女性は天皇の家族になっています。

神話や伝説は、古代日本人の先例、すなわち守るべき掟《おきて》となっていきます。

第二章　古代に戻れ！　では、どの先例に？

●飯豊皇女――女帝は許されていたが、女系天皇は許されなかった

大和《やまと》時代、まだ年代が特定できない頃のお話です。史上二人目の女帝が誕生しました。

一人目は、前章でご紹介した神功皇后で、神功天皇と呼ばれることもあります。二人目が飯《いい》豊皇女《とよのひめみこ》。同じように、飯豊天皇と呼ばれることもあります。

ただし、本書で既に何度も登場している『本朝皇胤紹運録』では、神功皇后は歴代天皇に数えられているのに、飯豊皇女は歴代天皇に数えられていません。

事の起こりは、第二十一代雄略《ゆうりゃく》天皇が、親戚を片っ端から大粛清したことです。結果、息子の第二十二代清寧《せいねい》天皇に皇位を譲ったのは良かったのですが、その清寧天皇に男の子がいませんでした。だから、皇統の危機が訪れます。では、どうしたか。

この時代に、「皇統に属する男系男子」の言葉こそありませんでしたが、朝廷の人々は、ゆかりのある男の子を探し回りました。そして、雄略天皇の粛清を逃れた二人の皇子がみつかりました。弘計《をけ》と億計《おけ》です。二人は兄弟で、第十七代履中《りちゅう》天皇の孫です。弘計が弟、億計が兄。二人は仁徳天皇（履中天皇の父）の四世孫にあたります。清寧天皇は大いに喜び、安心したのか、崩御。兄弟が譲りあった末に、弟の弘計が第二十三代顕宗《けんぞう》天皇、兄の億計が第二十四代仁賢《にんけん》天皇に

なります。

しかし、『日本書紀』だと清寧天皇の崩御から顕宗天皇が皇位継承するまでに期間的に空白が生じています。どうも空位があったらしいのです。

その空位の期間に、神功皇后の先例に従って政務を執ったのが、飯豊皇女です。飯豊皇女は顕宗天皇、仁賢天皇と同じく履中天皇の孫と言われます。異母姉だったようです。

この時点で神功皇后の先例があるので、女帝がいけないわけではありません。神功皇后のときもそうでしたが、どういう状態だったかよくわかりません。ただ、皇位に就いたにせよ就かなかったにせよ、飯豊皇女が天皇の仕事をしたのは間違いありません。『本朝皇胤紹運録』が皇位に数えていないのは、称制だったということでしょう。

ところで、現代の女系天皇容認論者は、「皇位の男系男子限定は明治以降の近代の伝統にすぎない。アマテラス以降、女系天皇は容認されていた」と主張します。

だったら、飯豊皇女が正式に天皇となり、相手が誰でもいいから好きな男性と結婚、その子を天皇にすればよかったことになります。

なぜ、そうしなかったのか。だいたい、弘計と億計の兄弟が見つからなければ、どうするつもりだったのか。

女系天皇容認論者は、「アマテラスの神勅で女系天皇は認められている」と主張します。しかし、本当に女系天皇がアマテラスの神勅で認められていたなら、神武天皇からで二六八五年間、さらに神話の時代も含めて約三千年間、無視し続けるのはどう考えてもおかしな話です。

しかも、これの再現ＶＴＲのような話が、すぐに登場するのです。

●手白香皇女――直系や女系は、男系継承に優越しない

仁賢天皇は清寧天皇の姉か妹か、いずれにしても雄略《ゆうりゃく》天皇の娘と結婚し、その間にできた子供が第二十五代武烈《ぶれつ》天皇となります。

顕宗、仁賢の二人の天皇は、清寧天皇にとっては遠い親戚です。近い直系ではない皇位の継承を、「傍系継承」と言います。

傍系継承した場合は、その直前までの直系の女性皇族と結婚して、女系によって男系を補完しているのです。男系継承は続けるのだけど、それまでの直系の男系女子との結婚により、皇位継承の正統性を補完するのです。前の直系の血は、女系で次の直系に伝わることになります。ただし、あくまで補完。

皇位継承で重視すべき順番は「先例、男系、直系」です。皇室においては、先例を守ることが第一に来ます。何事もなく、昨日と同じ今日が明日も続くことこそが望ましい。しかし、そうは

いきませんが、それでも先例に従って運用する。そして最も大事な先例として、男系継承が絶対視されます。

顕宗天皇と仁賢天皇は遠い親戚だけど、皇統に属する男系男子です。男系継承を前提として、どの直系が皇統を継ぐのかも重視されます。天皇が実際に権力を振るった時代、自分の子供そして直系の子孫に皇位を受け継がせるのは、政治の勝者の証でした。

皇位を継いでいった系統を中世では正統《しょうとう》と呼びます。皇室において、正統《せいとう》とは、正式に天皇になった方を言います。それに対して正統《しょうとう》とは、男系男子孫が皇位を継いでいった天皇・皇族のことを言います。

ここまでに出てきた天皇で言えば、初代神武天皇から第十二代景行天皇までは、全員が正統《せいとう》で正統《しょうとう》。第十三代成務天皇には継いだ子がおらず、兄の日本武尊の子が継いで第十四代仲哀天皇。成務天皇は正統《せいとう》の天皇ですが、正統《しょうとう》ではありません。日本武尊は天皇に即位しておらず正統《せいとう》ではありませんが、正統《しょうとう》の皇族です。

第十六代仁徳天皇から第二十二代清寧天皇まで続いてきた正統《しょうとう》が絶え、仁賢天皇に移りました。そのときに、前の正統《しょうとう》の女性（男系女子）が新たな正統《しょうとう》に嫁ぎ、血を残します。

このように皇室においては、女系は男系を補完するのです。特に、傍系継承の場合。ただし、男系継承を無視して、直系ましてや女系を優先するのではありません。

◆正統《しょうとう》と正統《せいとう》（継体天皇は手白香皇女で補完される）

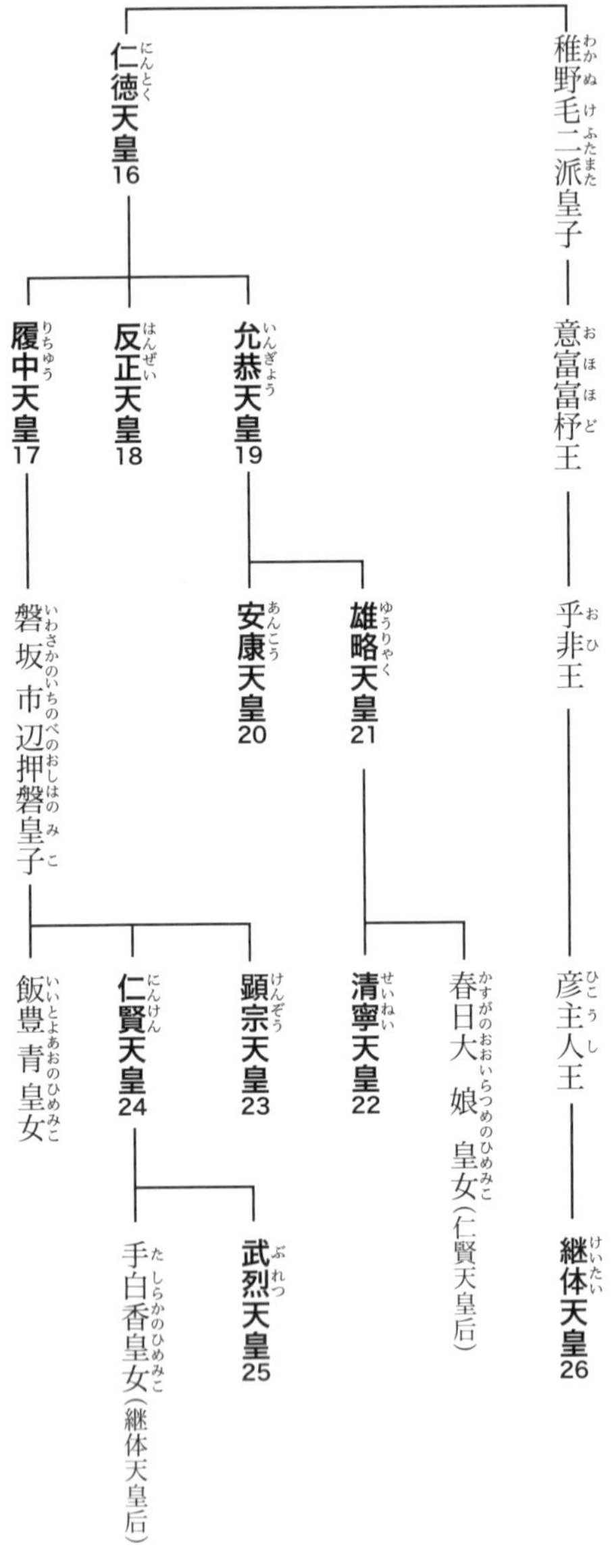

さて、〝再現ＶＴＲ〟です。

第二十五代武烈天皇が若くして、子供を残さず亡くなりました。前回の先例に従って、皇統に属する男系男子を探しに行きます。前回と違い、近畿地方で探し出せません。一人目には逃げられました。結局、越《こし》の国（福井県）まで行き、ようやく見つけてきました。二人目で見つけたのが、応神天皇の五世孫の男大迹王《おおどのおおきみ》、第二十六代継体天皇です。現在に至るまで、最も血縁が遠い傍系継承です。本当は第十五代応神天皇を一世として、六世孫なのですが、後に数え直して五世孫にしたようです。

律令では、その時点での直系ではない「五世の孫《そん》」は、皇籍を離脱しなければなりません。それを継体天皇に適用すれば、応神天皇の孫の曾孫の男大迹王は皇族ではありません。そこで、応神天皇本人は数えず、五世にしたのでしょうか。

継体天皇は、武烈天皇の姉とも妹とも言われる、仁賢天皇の娘である手白香皇女《たしらかのひめみこ》と結婚します。男系では血縁が遠いので、女系によって補完しているのも、先例に倣ったやり方です。以上、〝再現ＶＴＲ〟終了。

継体天皇擁立の顚末《てんまつ》は記紀で概《おおむ》ね記述が一致する話ですが、古代日本人が何を掟《おきて》としていたかがよくわかります。文字で書かれた法律の文章どころか、文字を持っていたのかどうかすら怪しい時代ですが、皇位の男系継承の掟は確立しているのです。「手白香皇女が好きな人と結婚して、夫が皇族じゃなくても、その子を天皇にしていい」なんて話にはならないのです。

その継体天皇は子沢山でした。一旦、皇位が第二十七代安閑《あんかん》天皇、第二十八代宣化《せんか》天皇に移ったあと、手白香皇女とのあいだに生まれた第二十九代欽明《きんめい》天皇に継がれます。欽明天皇は今の皇室の祖先です。皇位の正統《しょうとう》は、応神天皇～継体天皇から現在の皇室まで続いています。

●推古天皇――天皇の母は皇室の一員なのか？

継体天皇は西暦五〇〇年ごろの人と言われ、宮内庁の天皇系図でも在位が「五〇七～五三一年」とされていますが、年代を特定するまでには至っていません。

年代がはっきり確定できるのは、欽明天皇の息子の、第三十代敏達《びだつ》天皇（在位五七二～五八五年）からです。ただ学界の多数説では、第三十三代推古《すいこ》天皇（在位五九二～六二八年）から年代が特定できるとしているようです。

現在の日本史の教科書は「推古天皇が最初の女帝だ」と書きます。しかしそれは、現代の目で見て、年代が特定できるようになってからの最初の女帝が推古天皇だというだけです。

当時の人の意識で推古女帝が新儀かというと、そんな史料はどこにもありません。神功皇后や飯豊皇女の先例があり、伝説を知っているのですから、何かのときに女帝を立てるとするやり方

◆推古天皇と皇極天皇の系図

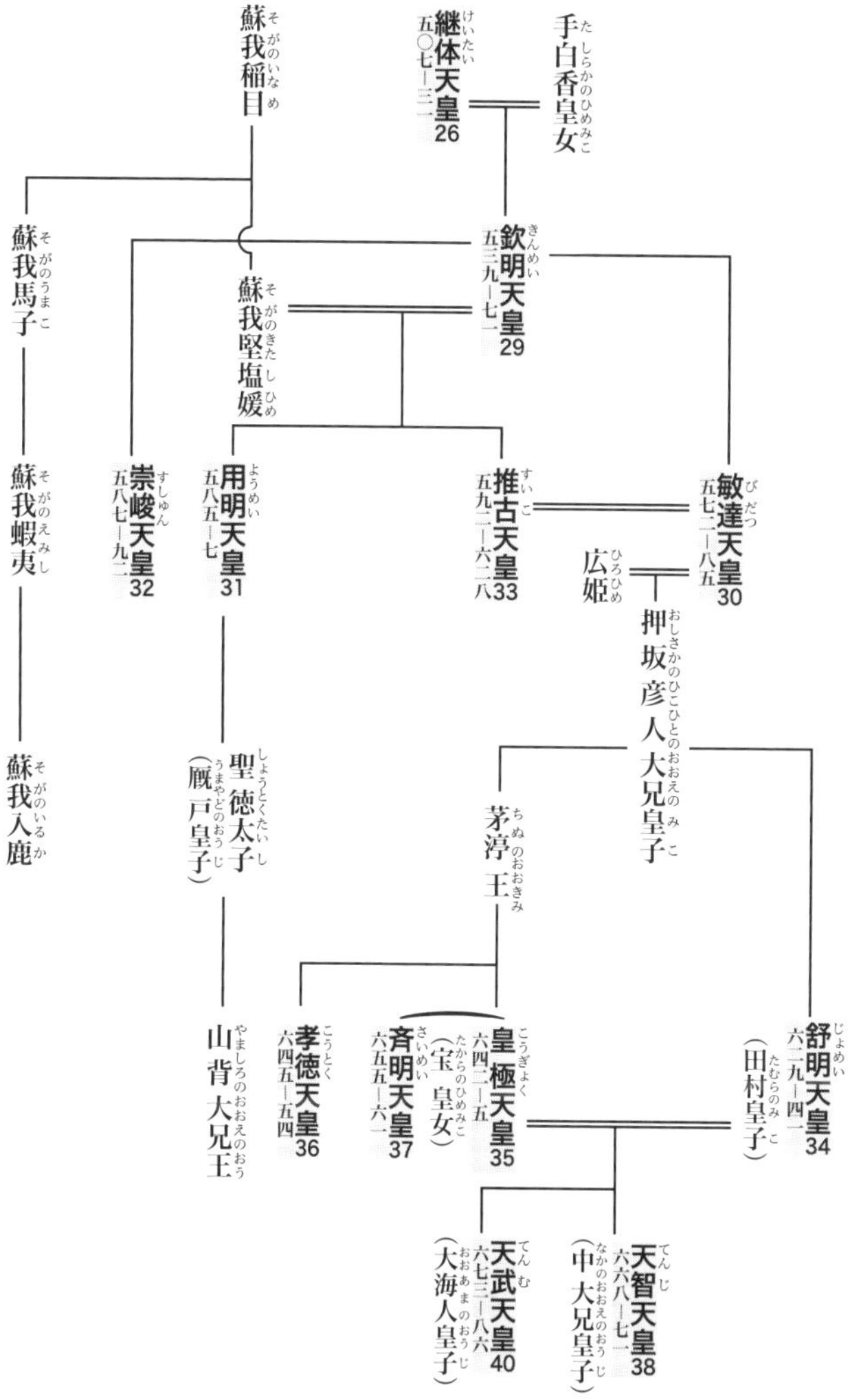

に、誰も違和感を持っていません。

推古天皇は、西暦五五四年生まれ。名は、額田部《ぬかたべ》皇女。父は欽明天皇、母は有力豪族・蘇我稲目《そがのいなめ》の娘の堅塩媛《きたしひめ》で、蘇我馬子《そがのうまこ》の姉です。異母兄の敏達天皇の皇后になりました。

この頃には蘇我氏が力を持ってきて、皇女以外にも蘇我氏の娘が天皇の妻になり始めます。娘が天皇の妻になると、蘇我氏はさらに力を持つようになります。挙句の果てに、第三十二代崇峻《すしゅん》天皇（在位五八七～五九二年）が暗殺され、殺したのは蘇我馬子だろうと、みんな薄々わかっている状態です。

このとき、群臣評議により、額田部皇女が推戴されました。齢《よわい》、三十九歳。『日本書紀』によると推古女帝は聖徳太子（厩戸《うまやど》皇子）を皇太子に立てました。女帝・太子・馬子の三人は、トロイカ体制で政権を運営します。この体制は三十年続きます。

当時十九歳の太子が天皇になってもよかったのです。ところが、天皇が殺されるほど派閥抗争が激化、天皇の候補となる皇子が多すぎて中継ぎとして女帝を立てることになったのです。しかし、推古天皇が予想をはるかに上回り長生きし、太子の方が先に亡くなってしまいました。

聖徳太子が亡くなった二年後の推古三十二（六二四）年、叔父の馬子が調子に乗った要求をしてきます。大和の葛城県《かつらぎのあがた》を賜りたいと言ってきたのです。葛城県は、大和にある天皇の直轄地六つのうちの一つです。推古天皇はこれを断ります。その事件そのものよりも、本書との関係で重要なのは、推古天皇のセリフです。『日本書紀』によれば、「今、朕《われ》は蘇我より出《いで》たり。大臣は亦朕《わ》が舅《おじ》たり」とまで言って、情理を尽くして諌《いさ》めたとか。「蘇我より出《いで》たり」とは、母が蘇我氏出身だとの意味です。ニュアンスは、「私は蘇我の娘のつもりなので、あなたに対して上から目線のというわけではないのです」と前置きをしているのです。この言葉をどう解釈するか。

古代史家として有名な倉本一宏先生はこのような事件があったのか「その史実性が問題となる」としています（倉本一宏『蘇我氏——古代豪族の興亡』中公新書、二〇一五年、七四頁）。倉本先生が事実かどうかわからないと言うのであれば、私ごときにはわかるはずがなく。ただ、そういう史料が残っている以上、正面から向き合わねばなりません。

結論から言うと、〝売り言葉に買い言葉〟的なやりとりだったのでしょう。天皇をも凌《しの》ぐ有力者を説得するのに、思わず口走ったというだけで。

だから、この一言で「女系で推古天皇は蘇我氏の天皇」とは言えないでしょう。我が国の正史である『日本書紀』に「私は蘇我より出た娘です」との言葉が残っているのに、歴史上誰一人、蘇我馬子を皇族だと扱いません。馬子と堅塩媛《きたしひめ》の父の稲目も然《しか》り。皇室においては、「非男系」が徹底しているのです。

ここで推古天皇のセリフを史実だとして、家族関係を見ていきます。父親の欽明天皇は、もちろん皇室の一員で、推古天皇の家族です。母親の堅塩媛《きたしひめ》は家族でその兄の蘇我馬子も家族です。

◆推古天皇の家族関係

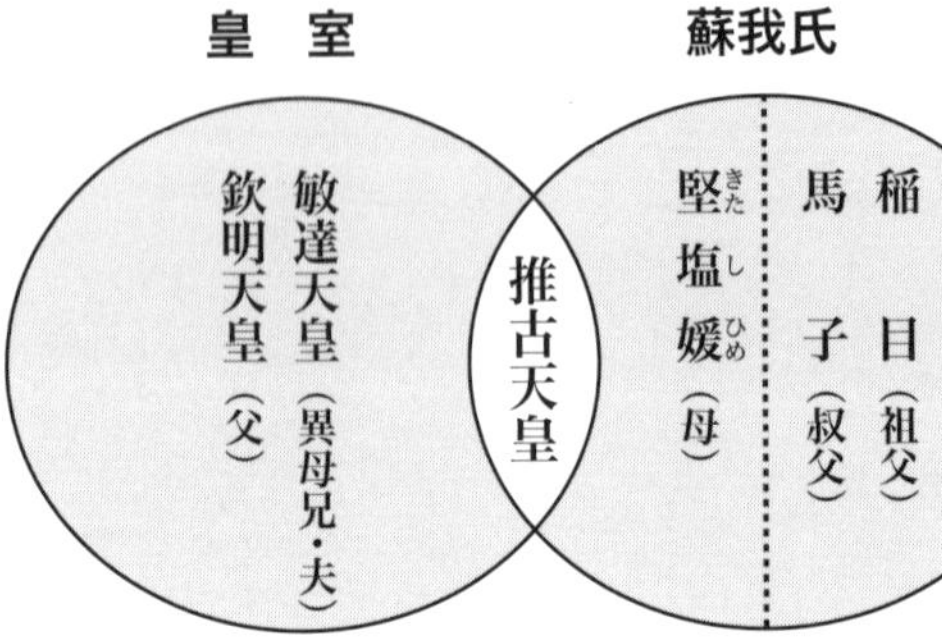

※（ ）は推古天皇との関係

しかし、馬子は皇室の一員ではありません。では、堅塩媛《きたしひめ》は？上のベン図によれば、堅塩媛《きたしひめ》は極めて曖昧《あいまい》な位置にいます。推古天皇の家族であるのは間違いないのですが、皇室の一員なのか否か。どういう意識だったのか。

私は、葛城県をめぐるやりとりなどどうでもよく、本当に推古天皇がこのセリフを吐いたかどうか知りませんが、そういう言葉が残された意味が重大と考えます。

皇室の外戚の蘇我馬子や稲目は皇族ではない。しかし、天皇に嫁いだ堅塩媛《きたしひめ》の立場は曖昧であった。この事実が、後世の先例となっていったと考えて良いでしょう。

当たり前ですが、人間界には多くの出来事が起きます。だから、皇室は時代に対応しつつ長い時間をかけて先例を運用、大枠を守っているのです。この場合ですと、本来は皇族と皇族の結婚だけで皇室を形成する掟《おきて》なのだけど、現実には上手くいかない。そもそも、皇族の女性が、天皇となる子供を産めるかどうか、わかりませんし。そこで長い時間をかけて運用を変化させて、上手くいくようにする。曖昧なものは曖昧なまま残しておく。

なお、推古天皇は七十五歳の、当時としては異例の長命でした。しかも、たまたま、推古天皇の子供で長生きした皇子がいませんでした。聖徳太子が亡くなったあと、皇太子を定められず、蘇我派対反蘇我派の熾烈《しれつ》な争いが起きてしまいます。

●斉明天皇――女帝は男の争いが激しすぎるときの中継ぎ

推古天皇のあとを継いだのは、第三十四代舒明《じょめい》天皇（在位六二九～六四一年）です。『日本書紀』の二十三巻の舒明天皇の項は、舒明天皇が皇位につく前の田村皇子の時代に、皇太子の座をめぐって、厩戸皇子の息子山背大兄王と激しく対立していたところから書き始め、それに紙面を割いています。

この頃は皇太子の制度が明確ではなく、聖徳太子も「ひつぎのみこ」と呼ばれています。いろんな漢字が当てられているのですが、「日嗣皇子」の他、「皇太子」と書いて「ひつぎのみこ」とも読みます。

この時代の皇位継承は、一人の皇太子ではなく、何人かの「大兄《おおえ》」の名を持つ皇子たちが候補者となる「大兄制」とも呼ばれるものでした。

天皇が今とは違って象徴でも何でもなく、現在の総理大臣と同じように実権を伴う最高権力者であり、権力を握って争っていたので、皇位継承者を一人に絞れません。とはいえ、それでも諸外国に比べればノンキなものですが。

舒明天皇の時代も大兄と呼ばれる皇子が大勢いて、皇位継承者を絞れず、舒明天皇の皇后が女帝として立ち、第三十五代皇極《こうぎょく》天皇（在位六四二〜六四五年）になりました。

古代では、実力がなければ中継ぎにはなれません。ただ、実力だけではダメで、世襲である以上は血筋が大事です。皇極天皇のお父さんは茅渟王《ちぬのおおきみ》で、敏達天皇の孫。その茅渟王のお父さんは押坂彦人大兄皇子《おしさかのひこひとのおおえのみこ》で、敏達天皇の息子です。つまり、皇極天皇は敏達天皇の曾孫です。皇極天皇は男系女子の皇女様です。

皇極天皇を立てたのにはいろいろな思惑があったのでしょう。舒明天皇と皇極天皇の息子の中大兄皇子がまだ十六歳と若いうえに、男同士の争いが激しすぎました。

蘇我入鹿は山背大兄王を弑逆《しいぎゃく》する暴挙を行い、父親の蝦夷をも激怒させます。

そんな蘇我氏に対し、中大兄皇子が中臣鎌足《なかとみのかまたり》とともに、乙巳《いっし》の変（六四五年）で蘇我入鹿を殺害し、蘇我宗家を滅ぼしたのは確かです（分家の少なからずは中大兄皇子の味方となった）。

それにショックを受けた皇極天皇が譲位したのが、史上初の譲位とも言われます。ちなみに、継体天皇が亡くなる直前に安閑天皇に譲位したのが、譲位の最初との説もありますが。とにもかくにも、宮中で殺人事件が起き、下手人が大皇の実の息子という、これ以上ないほどの不吉な事件によって、初の譲位が起きたわけです。

その後、譲位した皇極天皇は「皇祖母尊《すめらみおやのみこと》」と呼ばれました。これは「上皇」を意味します。上皇の初例です。それより前に、継体天皇が譲位したかもしれないのですが、儀式をやったわけでもなく、皇極上皇のように尊号が贈られていません。

乙巳の変をきっかけに大化の改新が始まると言われていて、皇極上皇の弟が即位しました。第三十六代孝徳《こうとく》天皇（在位六四五〜六五四年）です。

しかし、孝徳天皇は皇太子の中大兄皇子と対立し、負けて失意のうちに崩御。

そこで、皇極上皇が史上初の重祚《ちょうそ》です。再度、天皇になり第三十七代斉明《さいめい》天皇（在位六五五〜六六一年）と呼ばれます。皇極上皇と斉明天皇は同じ人物です。

人間界では杓子定規《しゃくしじょうぎ》に先例を再現し続けるなど、不可能です。しかし、古代日本人が時代に合わせて皇位継承のあり方を運用しつつも、可能な限り先例を大事にすることによって、大枠の伝統を守ろうとしているのを、おわかりいただけたでしょうか。

第三章　女帝が停止された理由は奈良時代にある

◆女帝の系図

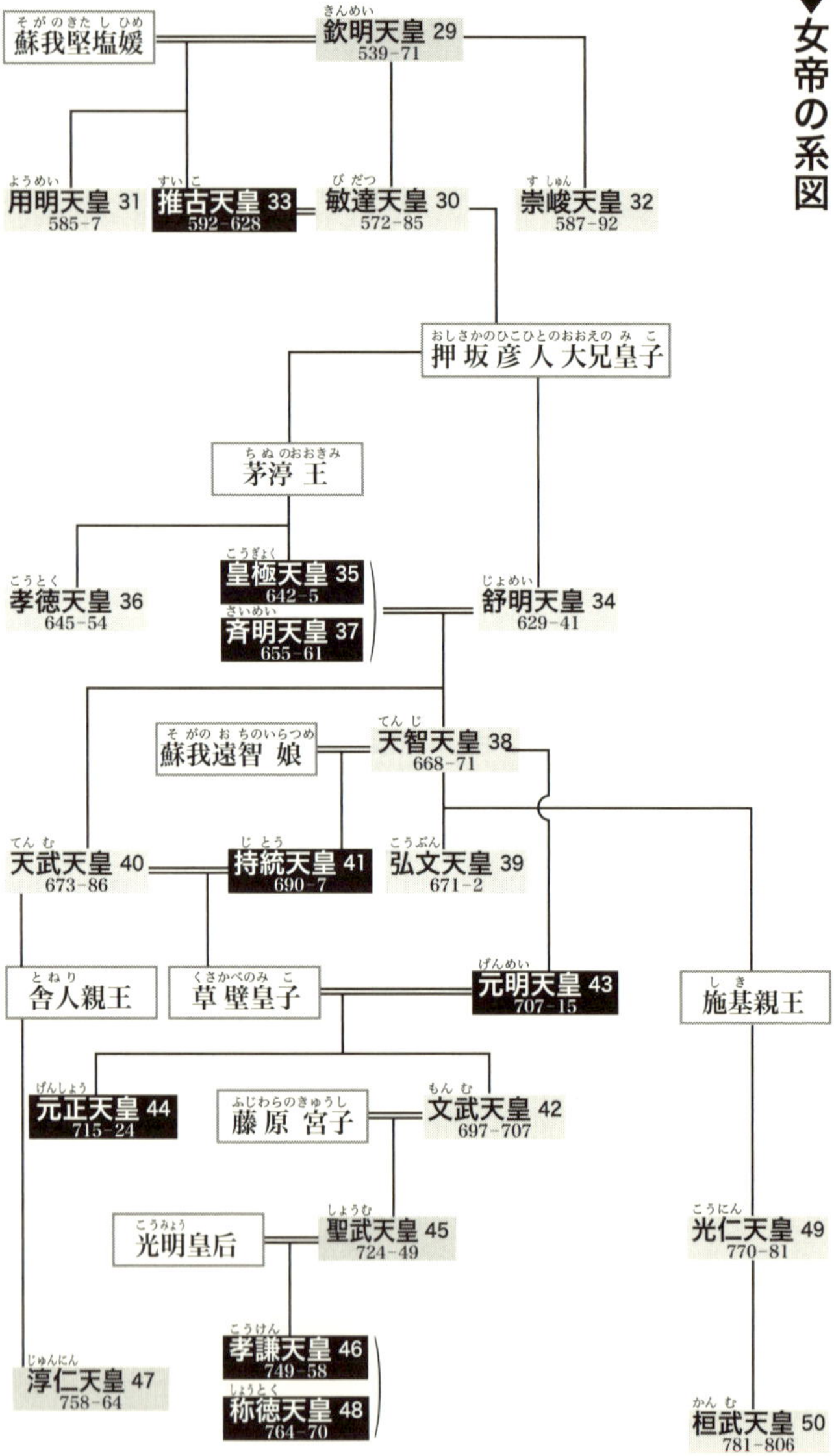

※女帝は白抜きで表示

●持統天皇の妄執

第三十七代斉明《さいめい》天皇が朝鮮出兵に行く途中、九州で亡くなってしまいます。

その後、息子の中大兄皇子が、なぜかすぐには天皇にならず、「称制」の後、即位。その息子の第三十九代弘文《こうぶん》天皇（在位六七一～六七二年）が継いだのも束の間、壬申《じんしん》の乱（六七二年）で天智天皇の弟大海人皇子《おおあまのみこ》が勝ち、翌年、第四十代天武《てんむ》天皇（在位六七三～六八六年）になります。当然のように独裁政治を行い、皇族たちが支えます。天武天皇には多くの皇子がいて、天武天皇が生きている間は息子たちの仲は良かった。

ところが天智天皇の娘で、天武天皇の皇后になっていた讃良《さらら》皇后（のちの第四十一代持統《じとう》天皇）が産んだ唯一の息子である草壁皇子《くさかべのみこ》に皇位を継がせたいと考えます。異母兄弟たちも、一応は納得します。特に、有能で壬申の乱でも功績のあった長男の高市皇子《たけちのみこ》は、母の身分が低かったので、おとなしく従いました。草壁皇子を後継とすることに他の兄弟たちも従う、「吉野の誓い」が行われます。

それで結局、草壁皇子がすんなりと皇位を継ぐのかと思いきや、天武天皇の殯《もがり》の真っ最中に、肝心の草壁皇子が二十八歳で亡くなってしまいます。当時は殯と呼ばれる死者を埋葬するまでの葬送儀礼が、貴人であればあるほど長く続きました。天武天皇の殯は二年二カ月続きました。

この時代は、皇位につく践祚《せんそ》（今の即位）と、皇位についたことを公に知らせる即位（今の即位式）が分かれていなかったため、殯を行ってから即位しました。後継者が決まっている場合は空位にはならないのですが、草壁皇子のように殯の最中に亡くなられたら大混乱です。のちに践祚と即位を分けたのは、空位や草壁皇子の悪例のような混乱を避けるためです。そのようなやり方が成立したのは、平安時代の初頭です。

二十八歳の草壁皇子の息子といえば、まだ年端もいかぬ子供です。当時、天皇は実権を持つ最高権力者であったので、子供では天皇どころか、皇太子にもなれないのです。また、この時点では、伝説の時代の神功・飯豊のほか、推古・皇極（斉明）と女帝の先例がありますが、すべて中継ぎです。ただし、実力が無いと、中継ぎにもなれないのが古代の天皇です。

そこで、草壁皇子の息子の軽皇子《かるのみこ》（のちの文武天皇）が成長するまで、讃良皇后が「私が天皇の位を預かる」と、第四十一代持統《じとう》天皇（在位六九〇～六九七年）となりました。

天武天皇は神武天皇以来の、戦《いくさ》に勝って天皇になった人です。カリスマです。持統天皇はそんな天武天皇を支えた皇后ですから、誰も逆らえません。そして持統天皇が「自分が産んだ子（と子孫）に皇位を継がせる」との妄執に取り憑《つ》かれていました。

ここで気を付けてほしいのは、この〝妄執に取り憑かれ〟との状態を、あまり批判はできません。なぜなら、この時代、自分の産んだ子供を天皇にするのが、政治の勝者の証です。正統《しょうとう》を継がせることを意味するからです。

持統天皇は軽皇子が成長したので満を持して譲位し、太上天皇《だじょうてんのう》、正式に上皇《じょうこう》と呼ばれるようになりました。いったん、めでたし、めでたし。いったん……。

奈良時代は天武系が皇位を継いでいく時代です。天武系の男系継承です。壬申の乱に勝った、当然の権利です。

ただ、持統天皇は直系にこだわりすぎています。直系継承をしたくてしょうがないから、草壁皇子の血を継がない他の天武系の男系すら排除していくようになっていきます。天智系の男子など、論外の扱い。

●律令で妻の地位が確定。無視されるけど

本書では序章から、「成文法だけ見て実態を見ないと歴史はわからない」と説きました。その典型例をあげます。天皇の妻の地位です。

一応、律令で天皇の妻の地位は確定します。大宝律令と養老律令とでは名称は変わりますが、中身はほとんど同じです。もっとも、すぐに無視されますが。

「后位《こうい》」と呼ばれる中で、天皇の嫡妻を「皇后《こうごう》」とし、天皇の母にして、皇后の地位にあった者を「皇太后《こうたいごう》」とする。そして、天皇の祖母にして皇太后、皇后の地位にあった者を「太皇太后《たいこうたいごう》」とする。これ、非常に厳しい条件です。

つまり、皇后が天皇を産むとは限りません。子供を産むとも限らないのです。そして子供を産んでも、その子供が天皇になるとは限らないわけです。しかも、皇后であり、かつ、天皇の母にならなければ皇太后にはなれないとする、非常に厳しい、有資格者が限定されすぎた規定です。

皇后、皇太后、太皇太后を俗に「三后《さんごう》」と言います。皇后の別名は中宮ですが、平安時代に、皇后の下に「中宮《ちゅうぐう》」をおくようになりました。

養老律令のほうに「後宮職員令《こうきゅうしきいんりょう》」というのがあり、その中で以下のように規定されています。皇后（中宮）の下が「妃《きさき》」で、定員は二人です。どの位になるかは、身分で決まります。妃になれる人の条件も規定されていますが省略。さらにその下には「夫人《ふじん》」あるいは「ぶにん」とも呼ばれるのですが、定員三人。そしてさらにその下に「嬪《ひん》」が定員四人で、合計十人まで奥さんが持てるとされています。

十人ぐらい奥さんがいたら、誰かしら子供を産むだろうといったところでしょう。古代日本人も絶対子供が生まれるなど、あり得ない前提でやっています。

皇室制度の基本史料とされる『皇室制度史料　后妃《こうひ》一』（宮内庁書陵部編、吉川弘文館、一九八七年、二頁）でも、后妃制度について「実際には、大宝令の施行後間もなく、令制に乖離《かいり》する現象が相ついで生じた」としています。

三后が「陛下」と呼ばれるようになったのは明治からで、律令での公式の呼び名は「殿下」ではないかと言いだし、「皇后殿下」と言う人がいます。しかし、そもそも、天皇に向かって「天皇陛下」などと呼びかける古代人など聞いた記憶がありません。どこの朝鮮の話かと錯覚します。朝鮮であれば、どの敬称で呼ぶかが極めて重要であって、「皇帝陛下」であり、「国王殿下」なのです。朝鮮は中華皇帝に冊封《さくほう》されているので、皇帝陛下に対して「国王陛下」などと呼ぶのはご法度で、ましてや、その国王の妻を「陛下」と呼ぶなどはあり得ないのです。そんな歴史的経緯があるので、大韓帝国《だいかんていこく》になったときに「皇帝陛下」となったので、はしゃぎ回ったなどと言うと、どこからか抗議がきそうですが。

法律用語で決まっているけど、実際には使わない言葉は今でも山のようにあります。律令の条文を持ち出すなら、祭祀《さいし》は「天子」、内政は「天皇」そして外交文書では「皇帝」です。しかし、厳密な運用はされていません。律令にある天皇の奥さんの規定も同じで、そのとおりに使われてはいません。どんどん変わっていきます。

では「後宮職員令」に書かれた「天皇の奥さんは十人まで」といった規定は、その後どうなったでしょうか。

嫡妻の皇后は滅多におかれなくなります。平安時代はいろいろな運用があっても、基本は中宮でした。しかし時代が下ると、その中宮さえもおかれなくなります。

なぜそうなったのか。皇后や中宮をおくと、皇后職《しき》、中宮職《しき》といった役所が必要になり、それは皇后、中宮の実家が作らなければなりません。確たる実家の後見があっての皇后、中宮であって、まさしく摂関政治全盛期の象徴なのです。

最初は中宮は皇后の別称だったのが、平安時代の藤原道長のときに別々の呼称になり、摂関政治が衰えてくるとおかれなくなっていきます。

皇后、中宮に代わって実質的な皇后になっていくのが、定員無しの「女御《にょうご》」です。律令には規定がありません。律令「後宮職員令」にあった、妃、夫人、嬪はどこへやら。平安時代中頃までに消滅したと前掲『皇室制度史料』に記されます。

女御の地位が上がり、一番偉くなるのは鎌倉時代あたりでしょうか。その後は女御宣下さえ途絶え、天皇と結婚して正式に皇后になったのを示す「立后」でさえ江戸時代の初めまで途絶えてしまっています。

中世では、女御の中から跡継ぎとなる男の子を産んだ女性が、実質的な皇后として扱われるようになります。

こうしたことからもわかるように、いかに律令と、実態がかけ離れているか。

大宝律令が七〇一年の制定で、七五七年にはその改正憲法である養老律令が制定され、さらに養老律令が正式に廃止されるのは一八八五年です。明治に太政官制を廃止し、内閣制を導入する時です。律令は一応、この約一一〇〇年間、日本国の憲法でした。

といった律令の実態がわかったところで、文武天皇以降に話を戻します。

●民間人出身の女性に尊号が贈られた初例

持統天皇のあとを継いだ文武天皇も病弱で、二十五歳の若さで亡くなります。文武天皇の息子の首皇子《おびと》（のちの聖武天皇）は、赤ん坊です。「この子が成長するまでは」と、文武天皇のお母さんが「私が天皇をやる」と皇位についたのが、第四十三代元明天皇《げんめい》（在位七〇七〜七一五年）です。正確には「先帝の遺詔」により即位しています。

ところが、そんな意気込みだった元明天皇は途中で心変わり、「……諸政に心を労すること九年にわたった。今、いきいきとした若さも次第に衰え、年老いて政事にも倦《う》み、静かでのどかな境地を求めて、風や雲のようなとらわれない世界に、身をまかせたいと思う。（中略）。そこで皇位の神器を皇太子に譲りたく思うが、まだ年幼くて（十五歳）奥深い宮殿をはなれることができない。（中略）。いま皇帝の位を内親王に譲るのである（後略）」（宇治谷孟《うじたにつとむ》『続日本紀《しょくにほんぎ》（上）』講談社学術文庫、一九九二年、一六五頁）と、「私は疲れた。お前が中継ぎをやれ」と、娘である氷高《ひだか》内親王に命令しています。第四十四代元正《げんしょう》天皇（在位七一五～七二四年）です。詔《みことのり》ではっきりと「中継ぎをやれ」と言っています。明確に、正統《しょうとう》を草壁～文武～首（聖武）に継がせるために、中継ぎとして女帝を使っています。事実、「中天皇《なかつすめらみこと》」と呼ばれています。男系継承は絶対、天武系の直系に継がせるとの鉄の意志です。男女平等の概念など、どこにも見えません。哀れ、元正天皇はそのせいで生涯独身。飯豊皇女以来、初めての生涯独身の女帝です。

ちなみに女系で良ければ、元正天皇の母は元明天皇で祖父は天智天皇。天智系女系女子です。世の中には「元正天皇は女系天皇の先例だ」と言い出す人がいるのですが、当時の皇室の主流派が天智系女系天皇を歓迎していたなら、壬申の乱はなんだったのか。天武系（の、しかも草壁系）に皇位を継承させようとしていた事実を見ていません。

中継ぎの女帝を二人挟んで首皇子が成長し、皇位を継いで聖武天皇になります。

このころから、皇室はあるジレンマに直面し始めます。それは、近親結婚ばかりではどうも子供が病弱で若死にする場合が多く、かといって、皇族同士の結婚にしておかないと、皇室に娘を送り込んできた蘇我のように権力を持ってしまうし、どちらがよいのだろうといった悩みです。草壁皇子も文武天皇も早逝してしまい、聖武天皇も病弱。どうも、この頃の皇族・貴族は、近親婚の弊害に気付き始めた節があるのです。

そんなとき起きたのが、宮子《きゅうし》尊号事件です。

聖武天皇生母の宮子《きゅうし》は皇女ではなく、藤原不比等《ふひと》の娘で、文武天皇の〝夫人〟です。律令によれば、皇族ではないので皇后にはなれません。

聖武天皇が藤原氏出身のお母さんに「大夫人《たいふじん》」の称号を贈る勅命を出すと、天武天皇の孫である長屋王《ながやおう》左大臣が、まるで今の内閣法制局のように「公式令《くしきりょう》に反する。先例がない」と言い出したのです。

もう少し詳しく説明すると、律令では天皇の母になった「夫人」は「皇太夫人《こうたいふじん》」と定められているので、「大夫人」と呼んだ先例がない、と長屋王は言っているのです。つまり、律令に従えば、聖武天皇の勅命に反してしまい、天皇の勅命に従って「大夫人」とするならば、「皇」の字が抜け落ちてしまうわけです。

どちらにするのか。聖武天皇に判断を仰ぐと、文書では律令に規定されている「皇太夫人」と書くが、口頭では「大御祖《おおみおや》」を使えとなり、聖武天皇が勅命を出し直した形になりました。

従来はこの一件を、長屋王による聖武天皇への嫌がらせととらえる見方が多くなされてきたのですが、吉川真司《しんじ》先生は長屋王による〝助け舟〟であるとの説を出しています（吉川真司『天皇の歴史2　聖武天皇と仏都平城京』（講談社学術文庫、二〇一八年、一一四頁）。

すなわち、宮子は藤原氏で、民間人出身です。その藤原さんに対して「皇太夫人」と「皇《すめらぎ》」の言葉を使えるようにしてあげた、長屋王の〝助け舟〟だとしているのです。この吉川先生の説は説得力があります。

それは嫌がらせのように見えて実は助け舟だったのかもしれませんが、コケにされた格好ですし、それでもやはりムカついたのか、「長屋王の変」（七二九年）で長屋王を殺したのは聖武天皇でした。

とにもかくにも、「はじめに」で記した、この本の論点の一つ「明治になるまで、民間人の女性は本当に皇族になっていないのか」の点からいえば、これは極めて重要な事件です。

民間人女性である宮子の存在自体が律令を否定し、「綸言《りんげん》汗の如《ごと》し」と言われるように、発した言葉が訂正できない天皇に言葉を訂正させながら、「皇《すめらぎ》」の身分をもらっているのですから。

●光明皇后は本当に民間人のままだったのか？

長屋王は藤原四兄弟と対立したと言われています。藤原四兄弟とは、藤原不比等の息子たち武《む》智麻呂《ちまろ》（南家《なんけ》）、房前《ふささき》（北家《ほっけ》）、宇合《うまかい》（式家《しきけ》）、麻呂《まろ》（京家《きょうけ》）の四人で、宮子や光明子《こうみょうし》（のちの光明皇后）と、異母きょうだいです。ややこしいですが、宮子と光明子は異母姉妹で、義理の親子です。はっきり言って、藤原四兄弟は長屋王のライバルの地位にまで昇っていません。皆、身分が低いのです。藤原氏が平安以降、絶大な権力を握ったので、このときの四兄弟も強力な実力者で謀略を巡らせたのだろうといったイメージを投影するのですが、どうなのでしょう。

長屋王の父は高市皇子《たけちのみこ》で祖父は天武天皇、妻の吉備《きび》内親王は草壁皇子と元明天皇の娘で元正天皇の妹と、血統は最高。本人の実力もあり、左大臣として朝廷の頂点に立ち、時に聖武天皇をも牽制《けんせい》したのは宮子尊号事件の通り。

とにもかくにも、長屋王の変で長屋王一家は粛清されました。その処刑された中に吉備内親王が入っている以上、四兄弟の独断なはずが無い。むしろ聖武天皇の主導と考えたほうが自然です。

とにもかくにも、邪魔者がいなくなりました。

四兄弟の妹の藤原安宿媛《ふじわらのあすかべひめ》こと光明子が、仁徳天皇の磐《いわ》之媛命《のひめのみこと》を先例に立后《りっこう》されました。のちに光明子と名乗ったころから、光明皇后、光明皇太后と呼ばれるようになります。とはいえ、そんな名前が贈られたとか、同時代にそう呼ばれたのではなく、後世になってからです。正式には「天平応真仁正皇太后《てんぴょうおうしんにんしょうこうたいごう》」の尊号がありました。面倒なので、ここからは光明皇后で統一。

奈良時代でもこの頃は、まだ「先例に倣《なら》う」との意識がありました。光明皇后は人臣最初の立后ではないとされました。景行天皇や武内宿禰《たけのうちのすくね》の直系子孫である（男系女子）の磐之媛命が純粋な人臣かと言われると疑問なのですが、その時点で皇族ではなかったということで、人臣皇后の先例とされました。

光明皇后の立后のころは先例に則《のっと》っているとの遠慮がまだ見られます。ところが、聖武天皇と光明皇后のあいだに生まれた阿倍《あべ》内親王を、史上唯一の女性皇太子に立てたあたりから、やりたい放題といった様相を呈します。女性皇太子の件だけでなく、たとえば、陸奥《むつ》国から初めて産出された金《きん》が献上され、慶事だから元号を変えようと「天平感宝《てんぴょうかんぽう》」（七四九年）などと四字元号に変えたのなどもそうです。なぜ中華に倣って四字元号にするのか、意味がわかりません。

光明皇后の意識と実際について、とても興味深い事実があります。

光明皇后が皇后になったあとも、「藤原氏の三女」との意味で「藤三娘《とうさんじょう》」と書いていたので、皇后になったあとも藤原の娘の意識のままだったのだと言われます。その指摘は、推古天皇が「蘇我より出た娘」と言ったのよりは、意味があるとは思いますが。前掲『天皇の歴史2』では、「印象論で恐縮であるが」と断りつつも、「阿倍が立太子してからの光明皇后は、藤原氏の代表という立場よりも、王権の一員としての立場を重んじるようになったと感じられる」と評しておられます（一二九頁）。ちなみに光明皇后は、阿倍立太子のときは三十九歳、「藤三娘」と書いたのは四十四歳のときです。藤原より生まれた娘でありながら、皇室の一員であるとの自覚を持っていた、くらいが妥当な評価ではないでしょうか。

私も光明皇后が皇后になった瞬間から、民間人の女性も結婚したら皇族になれるという意識が朝廷に定着したなどと言う気はありません。結論は少しお待ちを。

聖武天皇は精神的に弱いところがあって、突然譲位します。出家した上皇なので法皇のはずですが、「聖武法皇」とは呼ばれません。奈良時代は法制が発展途上なのです。

聖武天皇がいきなり職場放棄してしまったので、皇太子になっていた阿倍内親王が即位して女帝孝謙《こうけん》天皇になります。そんな、か弱い天皇を誰が後見するのか。後見役は上皇ではなく、実質的には皇太后になった光明皇后が行っていました。なんと御璽《ぎょじ》と駅鈴《えきれい》を、皇太后宮で管理しているのです（前掲、吉川真司『天皇の歴史2』、一九六頁）。光明皇太后が孝謙天皇の後見役であるとの明らかな証拠です。御璽は天皇のハンコであり、駅鈴は人馬を供出させるための鈴です。どちらも統治権の象徴です。

それを藤原光明子こと、光明皇太后の家であり役所である皇太后府で保管しているのですから、藤原光明子が完全に「王家」の一員になっているのがわかります。最近の学術用語で言うところの「王家」の一員になっている。

これで、藤原光明子が皇族になっていないなどと言えるでしょうか。

重要なポイントなので、序章でも書いた内容を繰り返します。

「皇女」には狭義と広義の意味があります。狭義では「天皇の娘」、広義では「皇親の女性」との意味で、そうした用例もあります。ただ、今の宮内庁も時々言うような「天皇の娘だけが皇女だから、愛子様は皇女だけど、佳子様は皇女ではない」は、間違いです。「皇女」とは、「皇親たる女子」を意味します。今の日本国の法律用語では「皇族」として一括りにされていますが、愛子様も佳子さまも「皇親たる女子である皇女」です。また、眞子さまは今は皇族ではなくなったかもしれませんが、やはり、「皇親たる女子である皇女」です。一方、美智子様、雅子様、紀子様は皇族ですが、「皇親たる女子である皇女」ではありません。

では、光明皇后はどうなのか。

藤原氏出身の光明皇后は「皇親たる女子である皇女」ではないけれども、皇族でないと本当に言えるのでしょうか。

もし皇族でないのなら、統治権の象徴である御璽と駅鈴を管理するとは一体、どういう意味なのか。これは極めて重要な点です。

皇室とは、先に実質があって、後から形式で追認する世界です。

実質的には上皇の仕事である、孝謙天皇の後見人を、実態は法皇である聖武上皇が果たさなかったので、光明皇太后が代わりにやっているのです。その後見が成功したかどうかは、ここでは問題ではありません。

生まれは民間人の光明皇太后が、孝謙天皇の後見をしていた事実が、極めて重要なのです。

●称徳天皇の大やらかし

天武、草壁、文武、聖武と繋《つな》がってきた一方で、聖武天皇の光明皇后ではない奥さんが産んだ男の子の安積《あさか》親王が一人いたのですが、十七歳で謎《なぞ》の急死を遂げます。阿倍内親王（後の孝謙天皇）が皇太子になった六年後の不思議な出来事でした。

光明皇后は十八歳で阿倍内親王を産んだあと、二十七歳のときに皇子を一人産んでいます。基王《もとい》（某王とも）と名付けられた赤ん坊は僅《わず》か生後一カ月で立太子されたのですが、一歳未満で亡くなります。基王と入れ替わるようなタイミングで生まれたのが安積親王でした。

光明皇后にその後、子供が生まれなかったので、阿倍内親王が皇太子になり、孝謙天皇になったわけです。ここでようやく草壁系に継がせるのを諦めることとなります。

そして天武系内で暗闘が繰り広げられます。たとえば、草壁皇子の兄弟の新田部《にいたべ》親王の息子である道祖《ふなど》王は、聖武上皇の遺勅で孝謙天皇の皇太子になったものの、廃太子されたあと拷問死するなど。

その後、大炊《おおい》王が即位しますが（在位七五八～七六四年）、恵美押勝《えみのおしかつ》の乱で廃帝にされ、淡路島《あわじ》に島流しになったので淡路廃帝と呼ばれます。淡路廃帝は、逃亡を企てた翌日に死亡します。実に怪しいですが、より哀れなのは名前さえもらえませんでした。約一一〇〇年後の明治三（一八七一）年に初めて「淳仁《じゅんにん》天皇」と諡号《しごう》が贈られました。

孝謙天皇は重祚《ちょうそ》します、第四十八代称徳天皇（在位七六四〜七七〇年）です。この時点で、皇太子を立てていないので、称徳天皇は後先を何も考えていません。ほかの九代の女帝は全員が、いずれ男系男子に皇位を戻すのを考えているので中継ぎなのですが、称徳天皇だけは何も考えていないので中継ぎではないと言って良いでしょう。

この称徳天皇のもとで、重用されたのが弓削道鏡という坊さんです。天皇の愛人だったかとか、皇位簒奪を企んだとか言われます。少なくとも、宇佐八幡宮の御託宣を理由に皇位を狙ったのは事実です。

ここで重要な問題です。もし一般人の男が天皇と結婚して皇族になれるのだったら、道鏡が皇族になっても良いことになります。そうであれば、称徳天皇と正式に結婚して皇族になって、称徳天皇と自分のあいだの子供を天皇にしていいのですから、それで皇室乗っ取りは簡単に完了です。なんなら「皇族には皇位継承権があるのだから」と称徳天皇との結婚をもって皇位を譲ってもらっても良いことになります。宇佐八幡宮の御託宣すら不要です。

一般人の男性が皇族になった例は一度も無い。これが掟《おきて》であり、これを否定することは日本の歴史の否定です。

『本朝皇胤紹運録』に、道鏡が天武天皇の息子の志貴《しき》皇子のご落胤と書いてあるとは既に書きましたが、多分、あとからそうしたのでしょう。当時から本当にそんな噂《うわさ》が流れていたのなら、宇佐八幡宮の御託宣など、手の込んだ、わけのわからない手を使わなくても良いはずですから。

事件は、和気清麻呂《わけのきよまろ》が宇佐八幡宮に御託宣を確認しに行き、「君臣の別をわきまえよ」で終了。独身の称徳天皇は子供を残さず崩御。道鏡は失脚します。草壁皇子の子孫は称徳天皇で絶えてしまいました。天武系（の草壁系）の内ゲバが酷《ひど》すぎた末路です。

そこで何をしたか。

六十二歳の白壁王《しらかべ》を皇位に据えました。天智天皇の孫に傍系継承したのです。第四十九代光仁《こうにん》天皇（在位七七〇～七八一年）です。白壁王の奥さんが聖武天皇の娘井上《いのえ》内親王だったところから、女系で天武系なので白壁王に白羽の矢が立ちました。天武系の末裔《まつえい》である聖武系はせめて女系で血を残そうと、光仁天皇を立てたのです。古代の知恵「傍系継承の場合は女系で補完する」なのです。ただ、井上内親王は呪詛《じゅそ》をかけたとの疑いをかけられ、皇后を廃されてしまいます。

その後、光仁天皇の奥さんで、百済《くだら》人の末裔《まつえい》である高野新笠《たかののにいがさ》が産んだ山部《やまべ》皇子が第五十代桓武《かんむ》天皇（在位七八一～八〇六年）となり今の皇室に繋《つな》がります。天武系は直系にこだわり過ぎて結果的に天智系に負けてしまい、壬申の乱の勝利を一〇〇年後に天智系に取り返されてしまったのです。

称徳天皇以後、江戸時代の第一〇九代明正《めいしょう》天皇（在位一六二九～一六四三年）までの八五九年間、女帝は〝憚《はばか》られる〟わけです。確かに、成文法で女帝は禁止されていません。また、儀式書「西宮記」には女帝が即位したときの記述もあります（神道大系編纂会編『神道大系 朝儀祭祀編2』神道大系編纂会、一九九三年、五三九頁）。

しかし、女帝は習律で禁止されました。習律で禁止とは「いざというときはやって良いけど、普段は禁止」の意味です。それを普段からやって良いとするのは、すり替えでしょう。いざというときにやって良いからといって、普段からやって良いのかというのはまったく別です。そういった事態を習律で禁止しているのです。

憲法習律の概念を理解せず、成文法でこうなっていると言ったところで、まったく意味がない。習律で禁止されていることは、責任が取れるのであればやっていいのです。やっても違法にならないだけです。

違法にならないと、実際にできるのかはまったく別問題です。

第四章　平安朝の女性たち

◆嵯峨天皇の系図

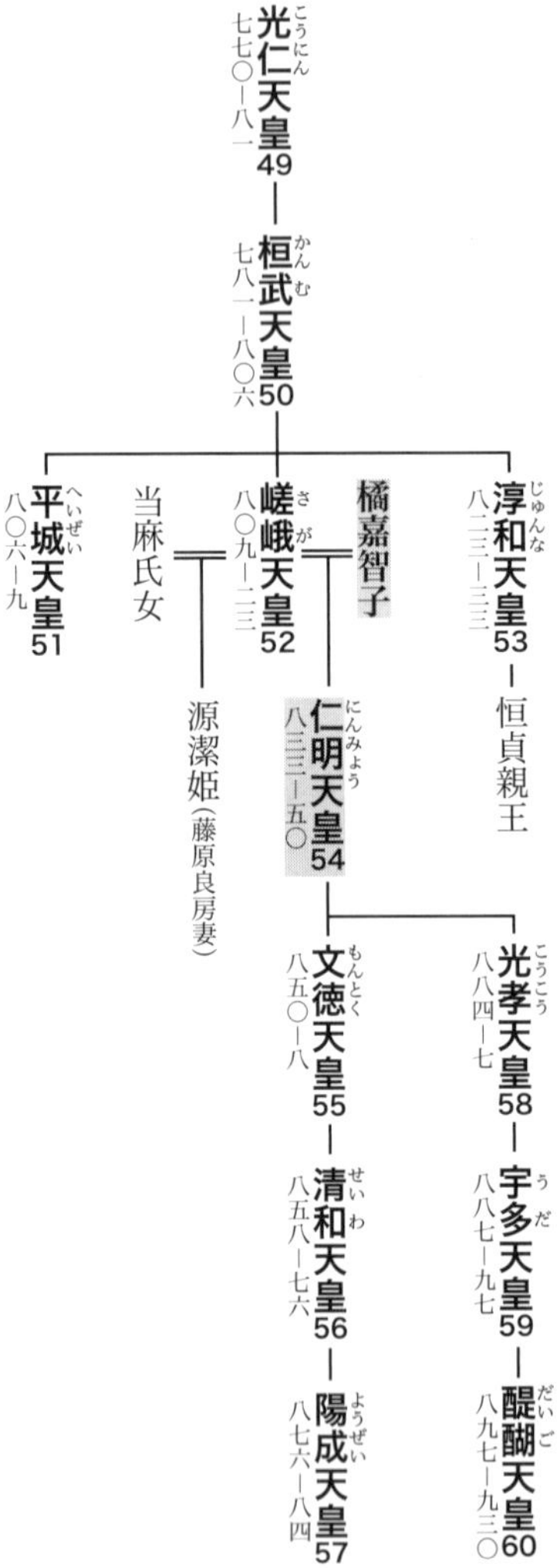
光仁《こうにん》天皇49 七七〇―八一
桓武《かんむ》天皇50 七八一―八〇六
淳和《じゅんな》天皇53 八二三―三三
橘嘉智子
嵯峨《さが》天皇52 八〇九―二三
当麻氏女
平城《へいぜい》天皇51 八〇六―九
恒貞親王
仁明《にんみょう》天皇54 八三三―五〇
源潔姫（藤原良房妻）
光孝《こうこう》天皇58 八八四―七
宇多《うだ》天皇59 八八七―九七
醍醐《だいご》天皇60 八九七―九三〇
文徳《もんとく》天皇55 八五〇―八
清和《せいわ》天皇56 八五八―七六
陽成《ようぜい》天皇57 八七六―八四

●橘嘉智子――人臣皇后の先例として定着

平安時代は実質的には、七七〇年の第四十九代光仁《こうにん》天皇の即位から始まりました。皇統は、天《てん》武《む》朝から天智《てんじ》系に戻りました。

平安時代の光仁天皇、第五十代桓武《かんむ》天皇、一人飛ばして、第五十二代嵯峨《さが》天皇の歴代天皇は、奈良朝のやらかしを片っ端から整理していきます。律令があまりにも現実に合わないので、律令の解釈集である「格式《きゃくしき》」ができていくのも、そうした現実が反映されています。

奈良時代のように、先例などどうでも良いのだと言うなら、何でもできてしまいます。先例を無視して、理屈だけで考えれば、道鏡《どうきょう》が天皇になってはいけない理由はありません。「最高権力者が最高の地位に就いて何が悪い」と迫られたとき、先例以外にどんな理由で抵抗するのか。現に道鏡が天皇になれなかった理由は、「我が国は古来君臣の別があり」と先例を守れとの御託宣が下ったからです。

理屈だけで決めて良いなら、日本を共和国にしても良いし、天皇はローマ教皇みたいに世襲ではなくしても良くなります。先例が積み重なって歴史になり、伝統になっているのだから、変えてはいけないのです。奈良の天武朝のやらかしの果てでも、先例の壁が皇室を守り、道鏡の野望を撥《は》ね返しました。

古代より天皇は建前では最高権力者でしたが、実際には蘇我氏のような豪族の意向を無視しては政権を運営できませんでした。逆に、奈良時代は歴代天皇が豪族を引《ひ》っ掻《か》き回すような状態でした。建前は最高権力者だけど、現実には上手《うま》くいかない。そうした天皇のあり方自体が変わっていくのも、平安時代です。百年、百五十年かけて先例を整理、天皇そして皇室のあり方を時代に合わせて変えていきます。その結果、現代まで続く、皇室の姿ができあがっていくのです。

さて皇室において、先例は極めて大事です。しかし、いくら先例が大事とは言っても、人間界の出来事は杓子定規《しゃくしじょうぎ》にそっくりそのまま再現はできません。最初は新儀であったり、あるいは悪例であったりしても、後世の先例としても良い場合もあります。

じゃあ、「やってしまったもの勝ち」と言われると困るのですが、「そういうのは皇室を語る作法に反する」としか言いようがありません。伝統を変えるのに極めて慎重であるのが皇室です、としか言いようがないのです。

奈良時代に問題にされたけれども、その後の先例となった典型が光明《こうみょう》皇后です。一応、藤原光明子《こうみょうし》が皇后になったのは磐之媛命《いわのひめのみこと》を先例にしているといっても、当時の感覚で言えば、藤原氏の横暴の新儀に他ならないわけです。しかし、光明皇后が仮に悪例であったとしても、それを後世の先例としていけないわけではないのです。

実際に、光明皇后を先例として、人臣皇后になったのが、嵯峨《さが》天皇の皇后の橘《たちばなの》嘉智子《かちこ》です。嘉智子は、のちに禅宗の尼寺である檀林寺《だんりんじ》を建てたところから、〝檀林皇后〟とも呼ばれるようになります。橘嘉智子以降、人臣皇后が現在の雅子陛下まで定着もしていて、恐らく今後も続くでしょう。人臣皇后の初例が誰であれ、定着させたのは檀林皇后以降です。

嵯峨天皇の正式な奥さんの数は、律令の規定などどこへいったか、二十五人。そして子沢山で五十人の子供がいました。皇后である嘉智子も二男五女を産んでいます。

嘉智子は、この世のものとは思えない美しさを持ち、賢さも際立っていたようです。そして賢いのを通り越して、かなりの陰謀家でした。自身は橘氏出身の（結果的に唯一の）皇后でありながら、藤原良房《ふじわらのよしふさ》を取り立てました。それが藤原摂関政治を開きます。

藤原良房は実質的な藤原氏の祖です。鎌足《かまたり》は何をしたのか本当はわからないですし、不比等《ふひと》は実力のある人でしたが、息子の〝四兄弟〟と呼ばれる四人の息子が当時大流行した疫病で次々と亡くなってしまい、振るわなくなります。四兄弟が亡くなったあと、四兄弟の一人宇合《うまかい》（式家）の息子百川《ももかわ》のときに復権はしても、薬子《くすこ》の変で沈没してしまいます（他の南家と京家も振るわず）。そんな中で登場したのが、藤原良房です。良房は〝四兄弟〟の房前《ふささき》（北家）の曾孫冬嗣《ふゆつぐ》の息子です。

嵯峨天皇は弟の淳和《じゅんな》天皇に譲位し、皇太子には息子の正良《まさら》親王（のちの仁明《にんみょう》天皇）を立てました。嵯峨上皇は皇位の安定継承のために生前譲位の恒例化を前提に、叔（伯）父-甥での皇位継承を考えていたようです（瀧浪《たきなみ》貞子『藤原良房・基経』ミネルヴァ日本評伝選、二〇一七年）。

しかし、兄弟でそれぞれの子孫が交互に継いでいけば、二つの皇統ができてしまい、後世の言葉で言えば両統迭立《りょうとうてつりつ》になります。もっとも、嵯峨天皇は皇統が二つあることで、皇位の安定化を図ろうとしたとするのが、瀧浪説ですが。これを嵯峨上皇崩御後に粉砕したのが、嘉智子であり、その際に大活躍したのが藤原良房です。

嘉智子は、両統迭立を阻止しようというよりは、自分の息子仁明天皇の子孫に継がせたいとの考えだったのでしょう。嵯峨天皇崩御の即日、承和《じょうわ》の変を仕掛けて、仁明天皇の皇太子になっていた淳和天皇の息子である恒貞《つねさだ》親王を廃太子にし、仁明天皇の子孫に一本化しました。以後、正統《しょうとう》は嵯峨天皇と嘉智子の子の、仁明天皇の系統が続き、現代に至ります。

この動きは藤原氏中心史観では、藤原良房の陰謀となっています。確かに、ほかの橘氏や源氏が頼りなかったので、良房が近衛府《このえふ》を仕切って、この事件も仕掛けたというのもなくはないのですが、大納言にもなっていない当時の良房がそうした陰謀を企《たくら》めるかは相当疑問です。能力的に、檀林皇后しか構想できる人がいないですし……。

檀林皇后こと橘嘉智子は、「皇親の女性たる皇女」ではありません。しかし、「嵯峨天皇の妻」としての権威は相当でした。嵯峨天皇の治世に、藤原良房は嵯峨天皇の皇女を嫁にもらうなど、

、、、
実質的に藤原氏を皇室の身内にしていく措置が行われています。男性の良房すら、嵯峨天皇の娘婿として、藩屏《はんぺい》にされているのです。橘嘉智子が良房より皇族に近い存在ではないと考えるほうが不自然です。

●摂関政治――女性の地位が上がる

摂関政治における皇族と非皇族の関係を超単純化したのが、次頁の「皇族と非皇族の関係図」です。原始的なモデルだと、この図の通りです。もっとも、実際の摂関政治期の外戚《がいせき》関係は入り組んでいて、こんなに明快ではないですが。

摂関政治とは何か。娘を天皇に嫁がせ、その子供を天皇にする。つまり孫を天皇にし続けるシステムです。外戚政治の原始的なモデルを言語化すると、こうなります。

ところが、時の最高権力者が実際に天皇の祖父になった例はそんなにありません。この図が極めて原始的なモデルだと言うのは、実態はそんな単純な話にはなっていないからです。なぜ、最高権力者が天皇の祖父になった例がそれほどないのか。理由は四つあります。

理由その一。藤原氏は歴代長男以外の人が最高権力者になっているから。

不比等からして既に長男ではありません。それ以降、代々長男以外の人が継いでいきます。

◆摂関政治における皇族と非皇族の関係図

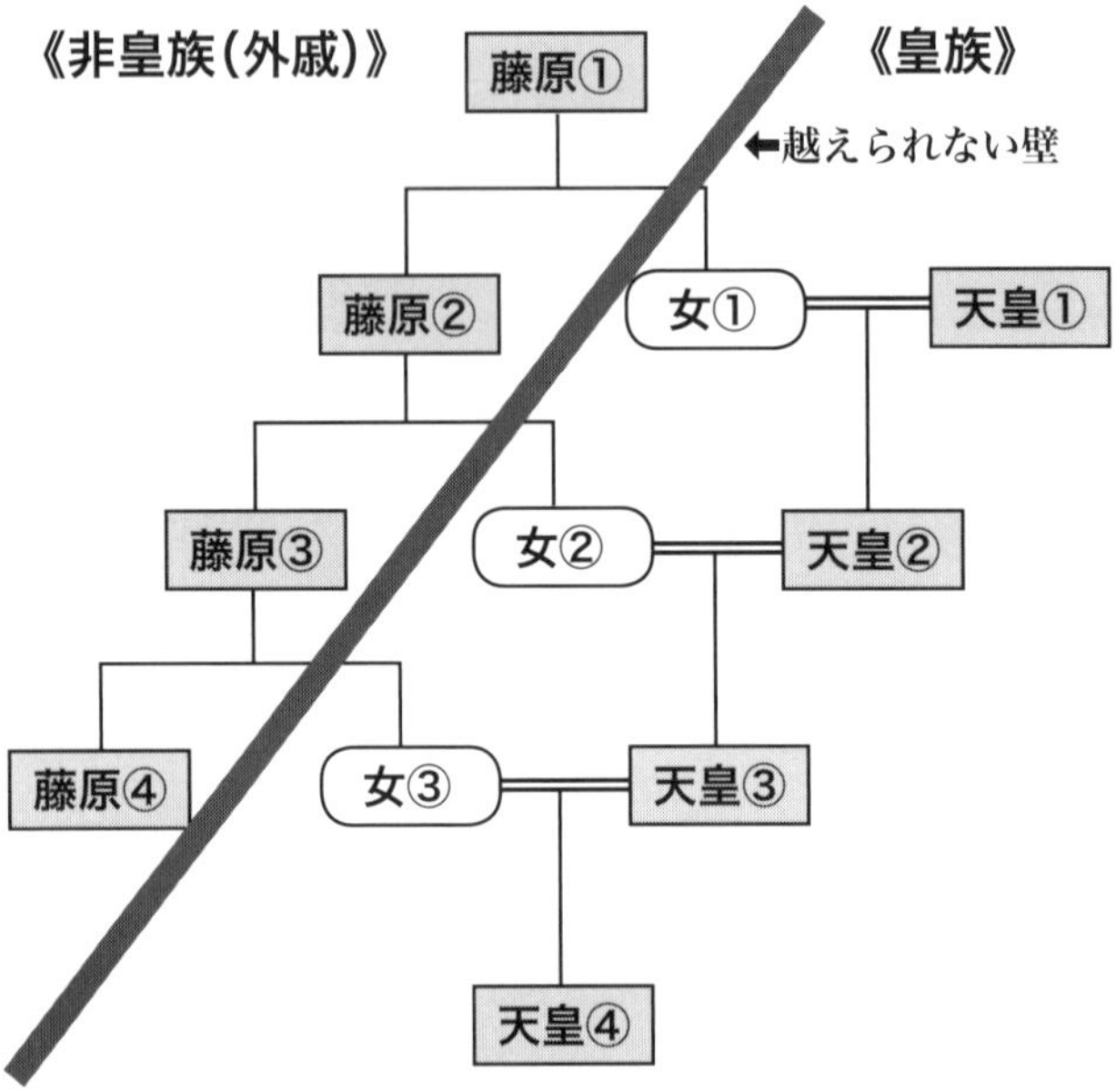

藤原氏の最高権力者の地位は、のちに「氏長者《うじのちょうじゃ》」、「藤氏長者《とうしのちょうじゃ》」と言われるのですが、もちろん、最初からそんな名称はありません。しかし、その地位になる人は、不比等から道長まで全員が長男以外で、長男がそうなった例は一回もありません（短期間は別）。藤原氏の実質の祖である良房から、基経《もとつね》、忠平《ただひら》、師輔《もろすけ》、兼家《かねいえ》、道長《みちなが》と、最高権力を長く手にした人は、全員が長男以外です。

藤原氏で最高権力者の長男が、同じく最高権力者になった例は藤原道長の長男の藤原頼通《よりみち》が最初です。しかし、同時に頼通は藤原氏が最高権力者であることを終わらせた人でもあります。

長男の頼通はほぼ五十年ものあいだ関白

をやっています。なぜ、頼通が長きにわたって最高権力者だったかというと、異様に長生きし、居座ったからです。

父の道長は、二十代で関白になろうと思えばなれました。しかし、自分が二十代で、自分の子供はまだ幼すぎるので、頼通以下、子供が成長するまでは関白にはならず、内覧《ないらん》という、ほぼ関白と同じ仕事をしています。内覧は准関白《じゅんかんぱく》とも言われます。形式的には准関白に留まっていたのです。

道長は内大臣で内覧になり、右大臣から左大臣に昇格しても内覧は手放さず、そして頼通が成長して初めて摂政になったかと思うと、すぐ譲ってしまいました。

自分の子供が成長するまで意図的に出世を遅らせるのは藤原氏の知恵で、不比等もずっと右大臣に留まり、子供たちの成長を待っている間、左大臣を空席にさせていました。

不比等や道長が、自分たちの子供が成長するまでは自分は出世せずに最高権力だけ握ろうとしたのに対して、頼通は最高権力に居座ったがために、人事が停滞してしまったのです。

頼通は引き際を完全に誤った人です。後三条天皇との権力闘争に敗れ、摂関政治ができなくなって初めて引退しました。

歴代藤原氏の最高権力者になるような人たちは、自分の年齢と息子たちの成長を見ながら、出世を早めたり遅めたり調整する必要があるので、出世が早ければ良いというものではないのです。天皇のおじいさんになるまで最高権力者の座に居座っても良いのかと。そして、これが理由の二と三に繋がります。

理由その二。天皇の祖父にならなくても、娘婿が天皇で十分だから。天皇の義理のお父さんとして権力を握れれば、何も困りません。藤原良房がまさにそうです。また、理由一から派生して、自分の出世と年齢の関係から、娘を天皇に嫁がせても、孫が天皇になる前に自分の寿命が尽きる場合も多いのです。

理由その三。理由二と表裏の関係で、本人の代では天皇が娘婿で十分であり、息子の代になると、その姉や妹が天皇の妻や母として影響力を持ってくれる立場になるので、特に孫が天皇でなくても良いから。

理由その四。娘を天皇に嫁がせたところで、子供を産むとは限らないので、理由一から三まで見てきた場合にあてはまらないことも多々あるから。

中には、長男と次男が二人ともそれぞれ、天皇に娘を嫁がせて、次男の娘だけが子供を産んだので、次男のほうが栄えたといった例もあります。藤原忠平の長男実頼《さねより》と次男師輔《もろすけ》の場合がまさにその例です。小野宮家《おののみやけ》を名乗る実頼の家が栄えなかったのは、外戚になれなかったからです。

兄のほうが確かに地位は高くても、娘が天皇の男の子を産んだ弟のほうが実権はあるといったケースは決して珍しくありません。藤原実頼などは平気で「私はただの傀儡《かいらい》です」と開き直っています。

このように摂関政治は外戚政治なので、女性の影響力が絶大になります。

これを超原始的なモデルとして書いた「皇族と非皇族の関係図」で、具体的な事例で説明していきます。

まず、藤原良房です。嵯峨天皇夫妻に重用された良房は、どれくらい重用されたのかというと、嵯峨天皇の娘、すなわち、皇女様を嫁にもらえるくらいです。源潔姫《みなもとのきよひめ》を嫁にもらいました。「源」の姓からもわかるように、潔姫は一応、臣籍降下しているので臣下の良房に嫁しても良いのだとする理屈が強引だとも見えなくはありません。「皇女は臣下に嫁いではいけない」とする律令の規定は、桓武天皇が変更していましたが、実際には運用されていませんでした（つまり死文）。それなりに憚《はばか》りがあったからです。そこで嵯峨天皇は、「臣籍降下した皇女に律令の規定は適用できない」との（考えて見れば当たり前の）解釈で、娘を良房に嫁がせました。

このように、平安以降は実質的に先例破りをしているようであっても、実は先例に準《じゅん》じて変えていたり、理由を考えたりで、横紙破りをさせないようにしています。また近親婚の弊害も打破しています。

とにもかくにも、嵯峨天皇の皇女を嫁にもらったので、良房は強大な権力を持つに至ります。

嵯峨天皇が娘の潔姫を嫁にやるのを決めるにあたっては、藤原冬嗣《ふゆつぐ》の息子たちの中で、長男の長《なが》良《ら》よりも次男の良房のほうが賢いと実力主義で選んだという事情もありました。もっとも、皇女様をお嫁さんにもらった以上（しかも義父が絶大な権威を持つ嵯峨天皇）、側室を持てず、子宝には恵まれませんでした。

良房は潔姫とのあいだに生まれた明子《あきらけいこ》を、第五十五代文徳《もんとく》天皇（在位八五〇～八五八年）の中宮にしたので、天皇の義理のお父さん、舅殿《しゅうと》として権力を握りました。

良房は男の子がいなかったので、兄の長良の息子である基経《もとつね》を優秀だと見込んで養子にします。最高権力を兄の息子に返した形です。

良房の養子となった基経は娘五人を、第五十六代清和《せいわ》天皇（在位八五八～八七六年）、一人飛ばして第五十八代光孝《こうこう》天皇（在位八八四～八八七年）、第五十九代宇多《うだ》天皇（在位八八七～八九七年）、第六十代醍醐《だいご》天皇（在位八九七～九三〇年）と、四代の天皇の中宮や女御として送り込んでいます。基経も、天皇の義理のお父さんとして権力を握ります。

のちの醍醐天皇、村上天皇の時代は摂関政治ではなく、「延喜《えんぎ》・天暦《てんりゃく》の治」と言われる天皇親政を復活させた素晴らしい世の中だと評価されるのですが、摂政・関白をおかなかっただけで、藤原氏とズブズブな関係はまったく変わっていません。その醍醐天皇の中宮が、当の基経の娘なのですから。

基経の長男の時平《ときひら》は菅原道真《すがわらのみちざね》を左遷したのを恨まれて、その祟《たた》りで殺されたと噂《うわさ》されましたが、理由はともかく早死にしてしまいました。弟の忠平のほうが栄えます。なお、忠平の妻は宇多天皇の皇女です。忠平は第六十一代朱雀《すざく》天皇（在位九三〇～九四六年）の摂政関白になります。

その忠平の家でも、先ほども触れたように長男の実頼の娘が村上天皇の男の子を産まず、次男の師輔の娘（安子《あんし》）が村上天皇の男の子（冷泉《れいぜい》天皇と円融《えんゆう》天皇）を産んだので、師輔のほうが最高権力を握り栄えました。

ちなみに、師輔自身、醍醐天皇の娘三人（勤子、雅子、康子内親王）と結婚しています。「お姉さんが亡くなると妹を嫁に迎える」を繰り返しました。

一方、村上天皇のあと、「両統迭立」が始まります。第六十三代冷泉天皇（在位九六七～九六九年）、第六十四代円融天皇（在位九六九～九八四年）の二人の兄弟の子孫が交互に継いでいくのです。ちなみに、この二人は同じお母さんで、師輔の娘、村上天皇の中宮安子です。

冷泉天皇は妖怪《ようかい》に取り憑《つ》かれたと噂された天皇です。夜中に清涼殿でひたすら蹴鞠《けまり》でリフティングを行い、脚をケガしても気にせず続けていたとか。本当かどうかわかりません。

弟の円融天皇の子孫が今の皇室に繋がります。円融天皇は摂関政治の中で傀儡《かいらい》になるのを潔《いさぎよ》しとせず、自分で権力を握りにいき、藤原氏を利用して、お兄さんの冷泉天皇の系統との権力闘争には勝った方です。

円融天皇のあとは、第六十五代花山《かざん》天皇（在位九八四～九八六年、冷泉系）→第六十六代一条《いちじょう》天

◆平安時代の両統迭立

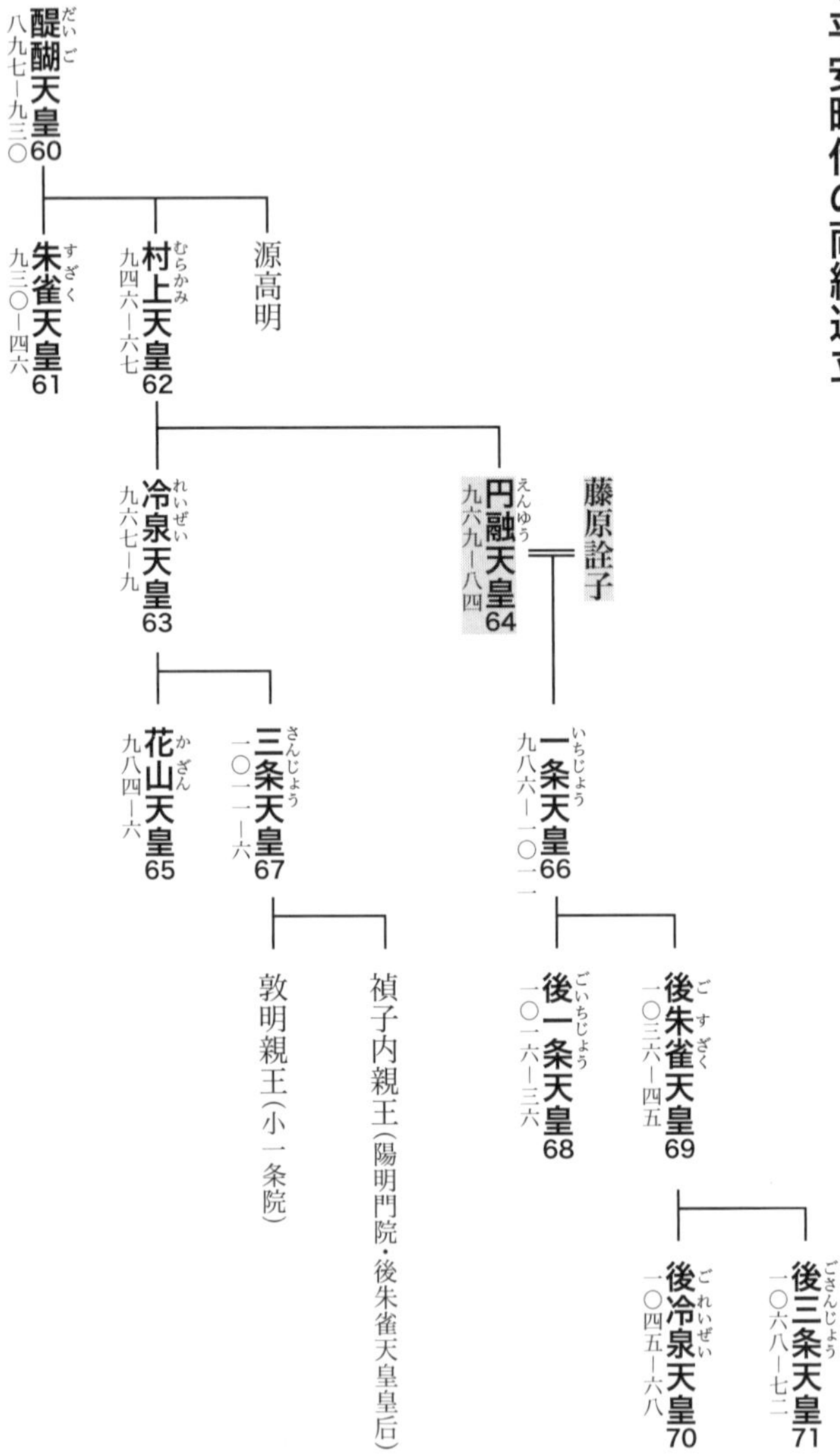
醍醐《だいご》天皇60
八九七―九三〇
朱雀《すざく》天皇61
九三〇―四六
村上《むらかみ》天皇62
九四六―六七
源高明
冷泉《れいぜい》天皇63
九六七―九
円融《えんゆう》天皇64
九六九―八四
藤原詮子
花山《かざん》天皇65
九八四―六
三条《さんじょう》天皇67
一〇一一―六
一条《いちじょう》天皇66
九八六―一〇一一
敦明親王（小一条院）
禎子内親王（陽明門院・後朱雀天皇皇后）
後一条《ごいちじょう》天皇68
一〇一六―三六
後朱雀《ごすざく》天皇69
一〇三六―四五
後冷泉《ごれいぜい》天皇70
一〇四五―六八
後三条《ごさんじょう》天皇71
一〇六八―七二

皇（在位九八六～一〇一一年、円融系）→第六十七代三条《さんじょう》天皇（在位一〇一一～一〇一六年　冷泉系）→第六十八代後一条《ごいちじょう》天皇（在位一〇一六～一〇三六年、円融系）と続いていきました。

藤原師輔の跡を継いだのは、師輔の三男兼家《かねいえ》でした。大河ドラマ『光る君へ』では、段田安則が演じています。兼家はお兄さんの兼通《かねみち》と熾烈な兄弟喧嘩を繰り広げ、お兄さんのほうが先に死んだので、権力を握ったのです。

兼家は冷泉天皇と円融天皇の両方に娘を送り込み、どちらが勝っても良いようにしていました。

その兼家のあとは、一時的に長男の道隆《みちたか》（演：井浦新）が権力を握ります。ところが、道隆の嫡男伊周《これちか》（演：三浦翔平）と、道隆の弟道長《みちなが》（演：柄本佑）が争い、道長が勝ちます。以上なじみがない時代なので、記憶に新しい大河の配役で説明しました。

道長は兼家の五男ですが、正室所生《しょせい》の三番目の男児なので実質三男です。

六十年も続いた両統迭立ですが、藤原道長が三条天皇を失明に追いやるまで苛《いじ》め抜き、天皇の第一皇子の敦明《あつあきら》親王（小一条《こいちじょう》院）にも皇太子を拝辞させたので終わります。円融天皇の系統に一本化され、正統《しょうとう》として今の皇室に連なっています。

『光る君へ』では道長の陰湿ないじめがサラリと終わるどころか、三条天皇のほうが悪役扱いされていましたが、古典『源氏物語』もそんな感じの描き方です。三条天皇をモデルにした一条院を苛め抜く役割を光源氏にさせていますが、むしろ光る君（つまり道長）を美化する有様。『源氏物語』も『光る君へ』も、「紫式部から見た藤原道長」で、少女漫画の主人公が「女の子から見た理想の男の子像」であるように、架空の人物像と捉えて構いません。どうでもいいですが、紫式部は諸氏の系譜を記した『尊卑文脈《そんぴぶんみゃく》』で「道長の妾」と記録されていますが、ありそうな話です。

現実の道長は、一条天皇に嫁いだ自分の娘彰子《しょうし》が産んだ（つまり孫の）後一条天皇を即位させるために、あらん限りの謀略を尽くしています。

一条天皇には皇后定子（道隆の娘）が産んだ敦康《あつやす》親王がいましたが、排除して敦成《あつひら》親王（後一条天皇）を立太子させます。敦明《あつあきら》親王が皇太子を拝辞したのも、もちろん道長の圧力。道長に関しては、とても『源氏物語』や『光る君へ』が描いたような立派な人間像を真に受けてはいけません。ただ、道長が単なるエゴイストの権力亡者かというと、それも違います。敗者である敦康親王には准三后（皇后・皇太后・太皇太后に准じる）の称号を贈っています。男性の皇族が出家せずに准三后となった、唯一の例です。臣下がなれるのですから、皇族がなっても構わないとの理屈です。皇太子を拝辞した敦明親王には「准上皇」の尊号を贈っています。本来は天皇になっても良い立場だったので、天皇にはなれないけど、上皇に准じる地位を得ても問題はない、との理屈です。そうした配慮をする政治家だったのも、また道長の一面です。冷酷非情な政治家だけれども、特定の女性の視点で美化すると『源氏物語』や『光る君へ』になるのですが、美化される

◆藤原氏と天皇の関係図

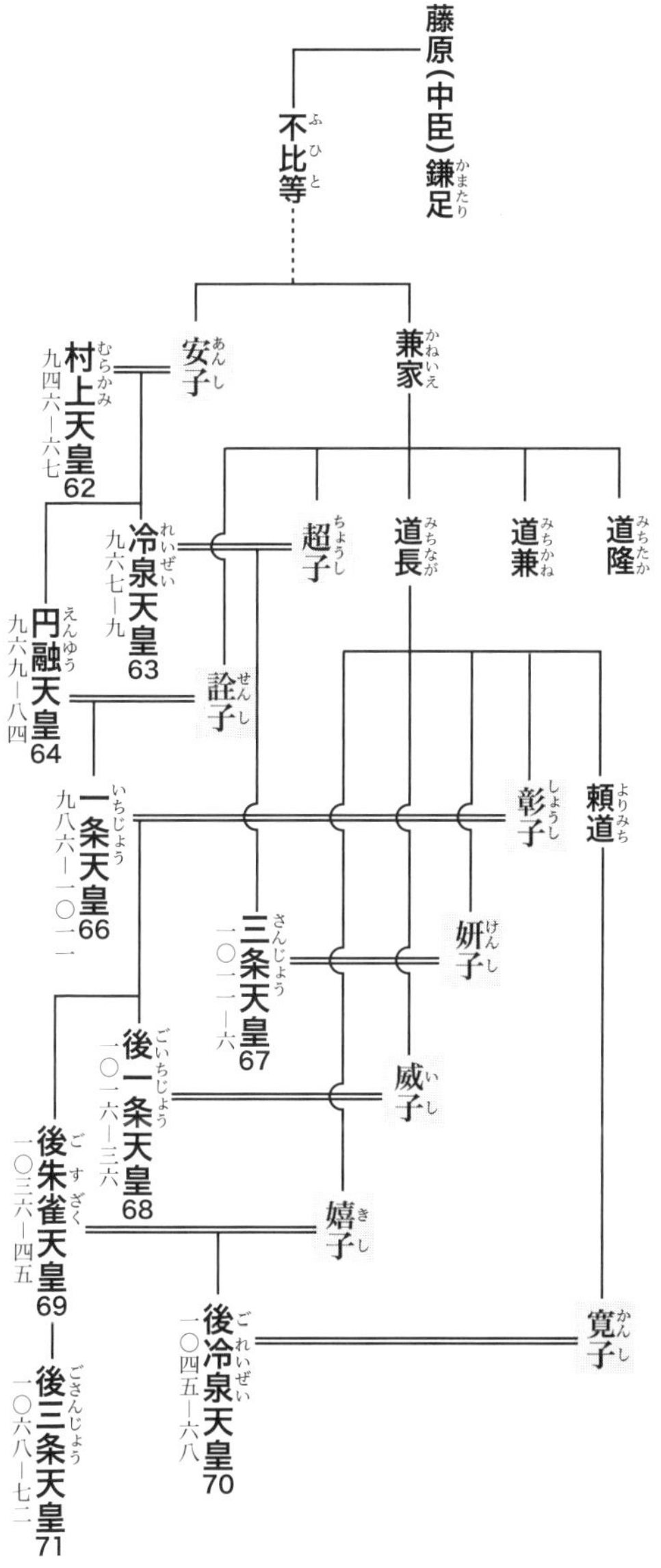
藤原(中臣)鎌足《かまたり》
不比等《ふひと》
安子《あんし》
兼家《かねいえ》
村上《むらかみ》天皇
62
九四六―六七
冷泉《れいぜい》天皇
63
九六七―九
超子《ちょうし》
道長《みちなが》
道兼《みちかね》
道隆《みちたか》
円融《えんゆう》天皇
64
九六九―八四
詮子《せんし》
一条《いちじょう》天皇
66
九八六―一〇一一
彰子《しょうし》
頼道《よりみち》
三条《さんじょう》天皇
67
一〇一一―六
妍子《けんし》
後一条《ごいちじょう》天皇
68
一〇一六―三六
威子《いし》
後朱雀《ごすざく》天皇
69
一〇三六―四五
嬉子《きし》
後冷泉《ごれいぜい》天皇
70
一〇四五―六八
寛子《かんし》
後三条《ごさんじょう》天皇
71
一〇六八―七二

ような一面がなくはないのです。

道長は、伊周や三条天皇との権力闘争に勝利し、「一家三后」と言われたように三人の中宮を出します。有名な〝この世をば我が世とぞ思う〟と口ずさんだのは、その時です。栄耀栄華《えいようえいが》を極めました。

ところが、道長を継いだ長男の頼通は、後三条天皇をいじめ損なったので、摂関政治が終わりました。外戚政治は、非常に不安定な基盤の上に成り立っているのです。

●藤原詮子――最初の女院

話を少し戻します。

藤原兼家が円融天皇の女御として送り込んだのが、娘の藤原詮子《せんし》。藤原道長の姉です。大河ドラマでは吉田羊《よう》が演じていて、「私の人生、こんなに皆にいいように使われて」といった、一方的な弱者のフリをしているのがうかがえるセリフがあります。ところが現実の詮子は、そんな弱い人ではありません。

道長が甥の伊周《これちか》との権力闘争に勝って、最高権力者の座を手に入れたときに、重要な役割を果たしたのが、道長の姉藤原詮子なのです。

一条天皇の時代、藤原兼家の息子で長男の道隆がずっと関白として権力を握っていて、その間、道隆は自分の派閥の中で特に自分の息子である伊周を異常なまでに引き上げていました。先例も何もすっ飛ばす。しかも、若造の伊周に力はない。みんな道隆の権力を恐れて黙っているだけです。

ところが、道隆が病気になり、誰にあとを継がせるかの問題が出てきました。息子の伊周か、あるいは、弟の道兼《みちかね》、道長の二人のうちのどちらか。

道隆が亡くなり、関白になったのは道兼だったのですが、道兼は〝七日関白〟の呼び名が示すように、すぐに死んでしまいました。

今度は、道長か伊周か。時の天皇、一条天皇の母である詮子が泣きながら「道長でなければダメだ」と一晩かけて一条天皇を説得したので、道長に内覧宣旨があり、それに続いて右大臣にもなったので、伊周との権力闘争に勝ちました。詮子は、一方的な弱者などではありません。兄である道隆の一族を叩きのめしたわけですから。

詮子は一条天皇のお母さんとして国母様でしたから、後に院号が贈られ「東三条院《ひがしさんじょういん》」と呼ばれました。詮子以降、国母様に女院号が贈られるようになったのです。

「院」は時代が下って、江戸時代などでは庶民でも使う軽い意味合いの言葉になってしまいます。

とはいえ、この時点での院号は極めて意味が重く、女性が皇族として扱われた証拠でなければ、一体何なのかと。

もちろん、詮子は「皇親の女性たる皇女」ではないのですが、皇族として扱われていなければ、院号が贈られるなどは許されるはずがないのです。

だいたい、第六十二代村上天皇を最後に、天皇号ではなく院号が使われるようになります。第六十三代天皇は長らく「冷泉院」と呼ばれ、「冷泉天皇」と呼ばれるようになったのは江戸時代後期からです。

民間人出身の女性に「院号」が贈られた。事実の追認以外にありえません。藤原詮子という民間人の女性が天皇の女御となり、皇太后となり、東三条院の尊号が贈られ、その立場は変遷しています。確かに皇親の女性たる皇女にはなっていませんが、皇室の一員である皇族にはなっています。その生涯の最後まで、皇族になっていなかったと考えるほうが、無理があるのではないでしょうか。皇族でないなら、なぜ「院」号など贈られたのか。先例重視の平安宮廷で「民間人の女性は皇族ではないから尊号を贈ってはならない」と議論にならなかったほうがおかしい。

そこで第三章の「宮子《きゅうし》尊号事件」に戻るのですが、民間人でも女性は皇族（皇親の女性たる皇女ではない）になれる先例が積み重なっているから、誰も文句をつけなかったと考えるべきでしょう。

ところで、ここで根本的な疑問です。どうして、藤原道長は天皇を苛めることができたのか。

最高権力者の地位だって、天皇に任命権があるのですから、考えてみれば不思議な話です。外国だと、権力を握った宰相が君主にぶち切れられて一瞬で失脚する、なんて話は枚挙に暇《いとま》がありません（近代で有名な例だと、ヴィルヘルム二世によるオットー・フォン・ビスマルクの罷免）。

理由は、三条天皇が次から次へと先例破りをやるので、それを道長が止めているからです。だから、宮廷の人たちは、天皇の先例破りを止める道長を支持しているのです。

たとえば、三条天皇が自分の身分の低い妻を皇后にしようなどと言い出すと、道長たちはボイコットします。貴族三人ぐらいを除いて、ほか全員が道長に従うのです。大河ドラマではロバート秋山が演じている藤原実資《さねすけ》などは気骨の人なので、三条天皇についていく役回りで、それを道長は「誰か一人ぐらい、ついていくのがいないとまずいわな」と、容認しているのです。

当時の宮廷の大半は道長のほうを、先例を守るまともな人として扱っているので、三条天皇は支持されないのです。権力があるだけで現職天皇は苛められません。しかもその権力には、中世の武家のように武力の裏付けがありませんし。

大河ドラマの中でも描かれるのが、一条天皇の中宮定子《ていし》と中宮彰子《しょうし》をめぐる話です。

道長にとって、中宮定子は兄道隆の娘であり、政敵伊周の妹です。伊周は人望がないので、一条天皇が定子を寵愛《ちょうあい》しているのが宮廷の貴族たちには不満なのです。道長は、娘の彰子を後宮に入れて欲しいと言われた態《てい》にして、彰子を送り込むのですが、定子という中宮が既にいるので、彰子を中宮としては入れられません。そこで、定子には皇后に上がっていただいて、空いた中宮に彰子が入れば良いといったやり方をしたのです。

本来、中宮とは皇后の別名だっただけなのに、中宮と皇后を別の地位にしたわけです。新儀なのです。しかし道長はいちいち先例を持ってきます。〝一条朝の四納言《しなごん》〟と呼ばれる四人の人たちが、道長がやりたいことをやるために、「この先例があります」と有職故実《ゆうそくこじつ》を引っ張ってくるのです。ちなみに、〝一条朝の四納言〟とは藤原公任《きんとう》、藤原斉信《ただのぶ》（なりのぶ）、源俊賢《としかた》、藤原行成《ゆきなり》の四人です。四納言がこれでもかと先例を持ってくる。どこをどう解釈しても、どう考えてもそれは強引だろうといった先例なのですが、持ってくることは持ってくるのです。だから、大枠は崩れない。

現実に合わせて、先例に准じて、あるいは先例と先例を組み合わせる、時に「解釈改憲」を行いながら、大枠を守っているから、後世の先例にされる場合も多々あるのです。

大河ドラマ絡みでもう少し付け加えておくと、兼家も道長も、娘を天皇に嫁がせたのちは、娘に対して敬語を使っています。皇族でなければ、そんな必要はありません。本当はどんな口調だったのか、史料が無いのでわからないのですが。

一方、兼家などはプライベートな場では、娘や娘婿である天皇に対しては父親、その孫に対してはおじいちゃんとして振る舞っています。夏のある日、天皇や東宮がいるのに、二人の前で暑いからと、着物を脱いで肌着姿で寛《くつろ》いでいた様子が、やや非難がましく『古事談《こじだん》』や『大鏡《おおかがみ》』に書かれています。

ちなみに、『古事談』は当時の政界噂話集、『大鏡』は藤原氏全盛の様子を道長を中心として書き綴《つづ》った歴史物語です。

●明子女王――皇統に属する男系女子が養子により皇族となる

現代の皇位継承問題を考えるにあたって、藤原道長の側室源明子《みなもとのめいし》の場合は、極めて重大な先例です。大河ドラマでは、瀧内公美《くみ》が演じていました。

皇族が一旦臣籍降下したけれども、再び皇族に戻った「皇籍復帰」の例はこれまでに四十一例あり、うち男性皇族の復帰は三十三例です。つまり、皇族として生まれた人が、一代のうちに民間人になって、また皇族に戻った例です（附録3参照）。

一方、皇族に生まれた人が一代のうちに、そのまま臣籍降下して民間人になってはいても、その子孫が皇籍を取得した例もあるわけです。これが「旧皇族の皇籍取得」というので、今、それをやれないかという話になっています。

その子孫は皇統に属する男系子孫です。男系子孫には男も女もいるわけです。この皇統に属する男系子孫の皇籍取得の例は歴史上五例あり、うち四例が男、一例が女性です。その女性の一例が明子なのです。

明子は、父が左大臣源《みなもとのたかあきら》高明です。源高明は第六十代醍醐天皇の皇子で、「源」とあることからわかるように賜姓源氏、つまり臣籍降下した人です。源氏は嵯峨天皇以降、皇位を継がない皇子は皆、源氏の姓を賜って、嵯峨源氏だの村上源氏だのといろいろ名乗るわけです。藤原氏が台頭してくると、源氏はその補完勢力になっています。

明子女王の父で左大臣まで昇った源高明が、安和《あんな》の変で失脚します。そのころ、小さかった源明子は、父の弟である盛明《もりあきら》親王、明子から見ると叔父の盛明親王の養女になりました。

盛明親王は醍醐天皇の皇子で、一旦は兄の源高明と同じく臣籍降下したのですが、親王に復帰していました。

皇族である盛明親王の養女になった明子は、いつの時点でそうなったのかはっきりしないのですが、「女王」になっているのです。なぜはっきりしないかと言うと、いろいろ理由がありまず。当時、「〇〇内親王」「〇〇女王」などと名乗るとは限らないのです。「女一宮」とか、普通に呼ばれます。これでは固有名詞としての機能を果たしているように思えませんが、当時の人には事足りていたようです。「〇〇宮」とだけ言われていると、公式には親王（内親王）なのか王（女王）なのか、よくわからないことも多いのです。皇族とは言え、すべての記録が万全ではないので。また、親王（女子の場合は内親王）になるには「親王宣下」といって儀式が必要なのですが、王（女王）の場合は、宣下不要なのです。

ついでに言うと、王（女王）は皇族の身位《しんい》なのですが、地位は高くありません。摂政と三公（太政大臣・左大臣・右大臣）の宮中序列は親王より上ですから、王（女王）よりはなおさら上です。

「今後は明子女王と呼びます」と呼ぶ儀式があるわけではなく、しかも現代みたいに「明子さん」なんて本名で気安く呼びかける習慣がないのです。

ただ、いずれにしても、源明子が盛明親王の養子になった時点で「明子女王」なのは確実な事実で、皇統に属する男系女子が皇族の養子になり皇籍取得した重大な先例です。

なお、親王宣下が始まったのは奈良時代で、定着したのは平安時代以降です。

平安時代は天皇に子供が生まれても、自動的に親王にはなりません。なぜなら、幼児死亡率が高いので、生まれて何年か経って、無事に成長したら親王宣下があり、男の子なら親王、女の子なら内親王を名乗るのです。ですから、この時代の制度上、生まれた瞬間は王か、女王です。「○○宮」と呼ばれるのが通例ですが。

生まれて自動的に親王、内親王になれるのは奈良以前古代と明治以降近代の制度です。奈良（実質的には平安）から明治の皇室典範までは親王、あるいは内親王は、宣下をしてもらってなるものでした。

現代において、平安に先例が整理されてから明治の典範制定までの歴史を知らずに議論している人が、あまりに多すぎます。

たとえば、「旧皇族の男系男子孫が養子により皇籍取得する」との案を、政府が提案しています。

では、皇族の養子の先例を、どれほど調べているのか。仮に旧皇族の男系男子孫のほうが皇籍取得されるとして、親王宣下をどのように行うのか。あるいは明子女王の先例に従い、「王」とするのか。

政策が現実に行われるとなると、実務が極めて重要となります。皇室を語る以上、膨大な先例を調べ尽くしておかねばなりません。

第五章　中世の女性たち

◆八条女院の系図

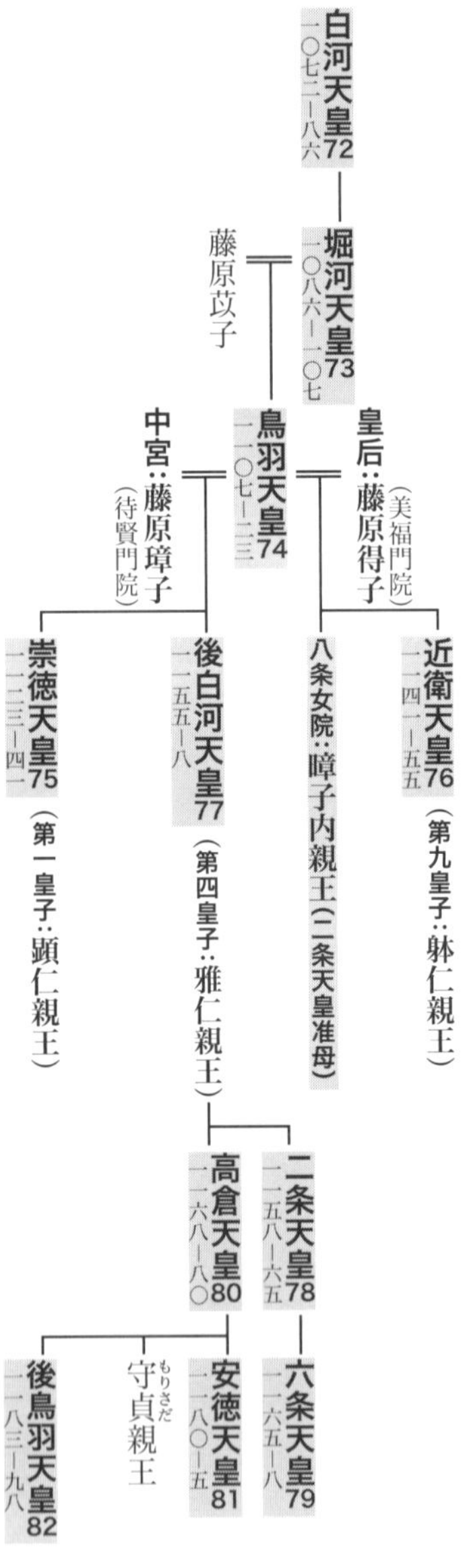
白河天皇72 一〇七二―八六
堀河天皇73 一〇八六―一一〇七
藤原苡子
鳥羽天皇74 一一〇七―二三
中宮:藤原璋子（待賢門院）
皇后:藤原得子（美福門院）
崇徳天皇75 一一二三―四一
（第一皇子:顕仁親王）
後白河天皇77 一一五五―八
（第四皇子:雅仁親王）
八条女院:暲子内親王（二条天皇准母）
近衛天皇76 一一四一―五五
（第九皇子:躰仁親王）
高倉天皇80 一一六八―八〇
二条天皇78 一一五八―六五
後鳥羽天皇82 一一八三―九八
守貞《もりさだ》親王
安徳天皇81 一一八〇―五
六条天皇79 一一六五―八

●八条女院――女帝が禁止されていないなら、天皇になれた

院政とは原則として、天皇を辞めた方、上皇が権力を握ることです。ただし、上皇であれば、誰もが権力を握れるとは限りません。実際に院政を行う権力を持った人は「治天《ちてん》の君《きみ》」と呼ばれました。治天の君とは天皇家の家長を意味します。「この世の支配者」としての、本当の意味の治天の君は、四人だと言われています。第七十二代白河《しらかわ》天皇（在位一〇七二～一〇八六年）、第七十四代鳥羽《とば》天皇（在位一一〇七～一一二三年）、第七十七代後白河《ごしらかわ》天皇（在位一一五五～一一五八年）、第八十二代後鳥羽《ごとば》天皇（在位一一八三～一一九八年）です。

本来、天皇は神様の子孫だから、何をやっても良い存在です。だからといって、人間界で一人の人間が何でもできる訳ではありません。現実には臣下によって、拘束されます。本当の意味で絶対的な権力を握ったのは「天智《てんじ》天皇と天武《てんむ》天皇と誰？」という状態で、嵯峨《さが》天皇の途中から天皇不親政が伝統になりました。

長い藤原氏の摂関政治を経て、数年だけ後三条天皇（在位一〇六八～一〇七二年）が親政を行いました。その後三条天皇も摂関家など、抵抗勢力の前にできないことも多かったですが。

数百年に及んだ摂関政治が終わり、藤原氏から権力を取り戻すべく、動きが出てきます。天皇

にはいろいろと制約があるけれども、上皇になってしまえばない。治天の君とは「何をやっても良い存在」です。

ただ、後三条天皇のあとを継いだ白河天皇は最初、摂関家と極めて妥協的です。白河天皇のあとを継いだ息子の第七十三代堀河天皇《ほりかわ》（在位一〇八六〜一一〇七年）が、即位したのは八歳のとき。幼少の堀河天皇に政治ができるわけがないので、皆が白河上皇に相談しにいきます。そして、堀河天皇は二十九歳で、崩御してしまいます。

堀河天皇が亡くなったあと、白河上皇の孫の鳥羽天皇が継いだときは五歳だったので、やはり、おじいさんである白河上皇のところに何事も相談が持ち込まれます。

白河上皇は、日本最大の荘園領主になり現実に財力も持ち、さらに「北面《ほくめん》の武士」と呼ばれる親衛隊の武士たちを率いて武力を持ち、文字通りの治天の君になります。

現代でも「院政」を行う条件は、「誰よりも政治に詳しく、実行力があること」です。幼少の堀河・鳥羽天皇と白河上皇（出家してからは法皇）のどちらが政治に詳しく実行力があるかは、誰の眼にも明らかでしょう。

そして白河法皇の側近が、昼間の朝廷よりも権力を持つ状況となり、ここで女性の地位が上がるのです。白河さんの愛人になって寵愛《ちょうあい》を受ければ権力が握れるので、白河法皇の側近の女性たちは大きな権力を手にします。ただし、白河法皇は〝両刀使い〟なので、ライバルが女とは限りませんが。

　昨今、「ＬＧＢＴ推進の観点から皇室を」とリベラルが言い出し、保守派は「ＬＧＢＴを皇室に持ち込むな」と言うのですが、どこまでが本当かどうかはともかく、白河法皇は明らかに〝両刀使い〟です。男女入り乱れた相関図を描くと蜘蛛《くも》の巣のように意味不明になるので、省略。

　白河法皇の崩御後、鳥羽上皇が治天の君となります。鳥羽上皇は第七十五代崇徳《すとく》天皇（在位一一二三～一一四一年）を嫌い、崇徳天皇から皇位を取り上げ、第七十六代近衛《このえ》天皇（在位一一四一～一一五五年）に譲位させました。近衛天皇は賢いと評判だったのですが、十七歳ですぐに亡くなります。

　ここで、皇位継承の第一候補は、血筋から雅仁《まさひと》親王（のちの後白河天皇）になります。父は治天の君の鳥羽法皇、母は崇徳上皇と同じく藤原璋子《しょうし》（たまこ・待賢門院《たいけんもんいん》）です。ただ雅仁親王、非常に評判が悪かった。

　雅仁親王は「今様狂《いまようぐる》い」、今風に言うなら〝カラオケマニア〟です。和歌をろくすっぽ詠めもしないのに、「今様《いまよう》」の名で知られる当時の俗流歌、今ならさしずめカラオケに喉《のど》を潰《つぶ》してしまうくらい嵌《はま》り込んでいたのです。

　ですから、雅仁親王の息子の守仁《もりひと》親王（のちの第七十八代二条《にじょう》天皇、在位一一五八～一一六五年）が賢いから、守仁親王に継がせればいいのではないかとの雰囲気もあったようです。しかし、いくらなんでも、お父さんを飛ばして、いきなり息子に継がせたのではまずいだろうとも。崇徳上皇も自分の息子を天皇にしようと狙《ねら》っています。

そこで、奇策として「女帝の復活」を鳥羽法皇は考慮したようなのです。候補は、八条女院《はちじょうにょいん》です。

八条女院は鳥羽天皇の第三皇女で、聡明だと評判だった暲子《しょうし》（あきこ）内親王です。近衛天皇と同じお母さん（美福門院）で、後白河、崇徳とは異母きょうだいです。後に甥の二条天皇の母に准ずると、「准母《じゅんぼ》」になっています。

要するに、親父《おやじ》（後白河）はダメだけど、息子（二条）には期待できる。でも、いきなり息子にできないなら、暲子内親王が中継ぎで良いのではないかとの発想です。そういう事情で、鳥羽法皇が女帝を考慮したと、天台宗の僧慈円《じえん》が記した歴史書『愚管抄《ぐかんしょう》』に書かれています。

当時の政界の常識では、崇徳上皇の皇子が皇位を継ぐと、反主流派だった崇徳上皇が主流派に躍り出て、それまでの主流派は反主流派に叩き落とされます。崇徳上皇と新帝が鳥羽法皇の言うことを聞くとも限らない。だから、候補は雅仁親王か守仁親王かで最後まで揉《も》め、結局は父親のほうに落ち着いた。しかし政界奥の院では鳥羽法皇が女帝の復活を考慮していた、といったところが現実でしょう。

慈円の記録は後世の歴史書で、言ってしまえば政界秘話の類《たぐい》です。当時の人、何人が知っていたかすら疑わしい。近代でも、昭和二十三年の政変で吉田茂《よしだしげる》が首相になるかどうかで揉めているとき、「実はマッカーサーが少数政党を率いる若手にすぎない三木武夫《みきたけお》を後継にしようとしていた」という秘話が、四十年もほとんどの人に知られていなかったなんて話もあります。とにもかくにも、治天の君の鳥羽法皇が女帝を立てられませんでした。

これが何を意味するのか。

当時の鳥羽法皇が本気になれば、できないことはありません。治天の君とは、専制君主ですから。ただし、女帝の禁止が憲法習律として確立していたからです。当時の日本語で言えば「憚《はばか》られていた」です。

憲法習律が何かは、序章でご確認を。

後で責任が取れるのであれば破って良いのが、憲法習律です。この「後で責任が取れるのであれば」は権力者に対する強制力です。成文法では何も禁止されていないのに破れない強制力こそが、憲法習律の本質です。鳥羽法皇は、専制君主であるがゆえに、「後で責任が取れずに専制君主の地位を失うのを恐れた」と説明できる状態なのです。

ちなみに、責任を取って憲法習律を破る方法が、二つあります。一つは、現実の政界で多数を取れる力があること。必ずしも多数でなくても、少数が多数を説得できれば良いのです。その時点で少数であっても、最終的に多数を説得できなければいけない。そして、もう一つは大義名分があること。

鳥羽上皇には、どちらもありませんでした。「女帝を復活させよう」と多数を説得する政治力もなかったのです。それほど憲法習律の拘束は厳しいし、厳しいからこそ憲法習律なのです。専制君主であるがゆえに、現実の政治力学の上に成り立つ、憲法習律は突破できないのです。無理に突破すれば自分に跳ね返りますから。

そもそも、近衛天皇が亡くなって、八条女院を登極《とうきょく》させよう、すなわち、皇位につかせようとするのは、「雅仁親王（後白河）がアホだから」が大義名分です。あまり大義名分になっていません。奈良以前ならともかく、皇位は能力ではなく血筋により決まります。また、天皇になって本当にアホをやらかすとは誰にも証明できません。この時点で、「こいつを天皇にしたら七百年間の暗黒時代が来るぞ」とは、誰一人言えるはずがありません。

女帝を復活させる大義名分もなければ、現実の政界の中で、まさかこの状況で女帝を復活させるわけにもいかないだろうと考える多数派を、最終的に説得できる客観状況が無いのです。

結果的に鳥羽法皇の懸念は当たり、後白河天皇（上皇・法皇）は、保元《ほうげん》の乱（一一五六年）・平《へい》治《じ》の乱（一一六〇年）・二条天皇との治天の君の座をめぐる抗争・平氏政権樹立・治承寿永《じしょうじゅえい》の乱（一一八〇年から八五年まで続いたいわゆる源平合戦）と、次々と戦乱を引き起こし、朝廷の権威を決定的に下げて、武家の世を開いてしまいました。さすがに、ここまでやらかすとは、鳥羽法皇も予言できません。

それでも後白河法皇と八条女院、どちらが優秀かは一目瞭然《いちもくりょうぜん》でした。

二条天皇の時代、朝廷は二条親政派と後白河院政派に分かれます。結局は二条天皇が若くして崩御、後白河院政になるのですが（息子相手に院政を敷けず、こんな勝ち方しかできない父親がどうかしています）。それはさておき、両派ともに八条女院を頼ってくるのです。八条女院が男だったら、能力的に間違いなく天皇になっています。女帝が禁止されているのでなければ、なぜこの人が天皇になれないのか。成文法では女帝は禁止されていませんが、こんな状況でも「いっそ女帝に」とならないのが、当時の政界です。不文法で禁止されていたからこその現象です。

さらに付け加えれば、八条女院は以仁王《もちひと》の挙兵（平家打倒の挙兵）のときの黒幕でもありました。八条女院は以仁王を育てた人です。そして、以仁王の子供たちも匿《かくま》った人なのですが、さしもの清盛も手が出せませんでした。

平家が幼帝第八十一代安徳《あんとく》天皇（在位一一八〇～一一八五年）を連れて西に逃げるときに、後鳥羽天皇が立ちました。後鳥羽天皇も幼帝です。一一八三年から一一八五年は現在の宮内庁公式見解でも二人ともが天皇で、南北朝ならぬ、東西朝だったのです。

このとき、向こうが幼帝なら、こちらは女帝を立ててと、八条女院が皇位継承の候補として挙がったと言われます（山田彩起子『中世前期女性院宮の研究』思文閣出版、二〇一〇年、二八二頁）。

本当にそんな案があったかどうか。誰かが言い出したくらいのもので、そのような話があったとしても眉唾《まゆつば》かとは思います。現実には、後鳥羽天皇が立てられましたが、三種の神器を欠く即位だったので、後鳥羽天皇は後々までコンプレックスを抱いたとか。「三種の神器を欠く女帝」など、源平合戦の最中に現実味がありません。

この八条女院の話の何が大事なのか。八条女院は力があって、一目も二目も置かれている人物です。だけど、天皇にはなれなかった。「どう考えても八条女院に天皇になってもらいたい状況」が最低でも二度はあるのに、なれなかった。成文法で女帝が禁止されていなかったとして、不文法の現実を無視しては、歴史は見えなくなります。

鳥羽法皇は「禁止されていなかったから女帝を復活しようとした」のではなく、「禁止されていたけれども女帝を復活しようとし、断念した」と解すべきでしょう。

ちなみに、八条女院は頼朝が死んだあとも十二年生き、一二一一年まで存命でした。

●丹後局と藤原兼子——鎌倉幕府に立ちはだかる壁

院政期の政治はこんな感じでしたから、女性が活躍する余地が大いにありました。丹後局《たんごのつぼね》も、その一人です。丹後局は後白河法皇の側室です。夫を亡くしたあと後白河の側室になり、安徳天皇が逃げたときに、後鳥羽天皇を立てるように進言した人だと言われます。丹後局は所領を持っていたので、後白河法皇が亡くなったあとも影響力がありました。平安以降、公家は所領（荘園）をどれほど持っているかが、力のバロメーターです。ただ、土地を持っているだけでは権力を振るえないし、下手をすれば失います。丹後局は政局勘や政策理解力に優れた人でした。

源頼朝が鎌倉幕府を作ろうとしていたとき、頼朝のお公家さん出身の側近・大江広元《おおえのひろもと》と交渉していたのが、丹後局です。この一事を以てしても、丹後局の能力の高さがうかがわれます。大江広元は日本史を代表する大英才であり、頼朝のブレーンです。なにせ人類史上どこにも例のない「幕府」の骨格を考えた大天才です。

最終的に頼朝を征夷大将軍《せいいたいしょうぐん》にした親頼朝派の九条兼実《くじょうかねざね》と、反九条の源通親《みなもとのみちちか》の対立があったとき、丹後局は通親と組み、頼朝を裏切らせて兼実を失脚させたかと思うと、その頼朝まで蹴散《けち》らしてしまいます。

頼朝は自分の娘を後鳥羽天皇の嫁にして、朝廷に入れたかったのです。それは、「頼朝が結局は京都人だから」と見る説もありますが、のちに徳川家康・秀忠親子も同じことを考えています。娘を入内《じゅだい》させるのは最高権力を握った象徴だからです。歴代藤原氏も平清盛もやっています。頼朝にとってはそうするのが、平清盛に取って代わった証《あかし》でもあります。

丹後局は源通親と組んで、頼朝に「お前の娘を朝廷に入れてやるぞ」と囁《ささや》き、九条兼実を失脚させます。九条兼実も自分の娘を入内させていますから、兼実からすれば、あとから娘を入内させようとする頼朝が自分に喧嘩《けんか》を売ってきた格好になるわけです。そうした心理を見事に突いて分断、娘のために冷静さを無くしている頼朝と組んで兼実を失脚させたのです。

頼朝が入内させようとしたのは長女の意味で〝大姫《おおひめ》〟とだけ呼ばれる人で、名前もわからない娘は最初、木曽義仲の息子義高《よしたか》の婚約者でした。しかし義仲の失脚で義高も処刑され、それ以降、大姫はノイローゼに陥ります。他の縁談を拒む娘に、これ以上良い結婚相手は天皇しかないと、頼朝は娘の入内を考えたのですが、大姫は入内できず、若くして死んでしまいました。頼朝としたら、踏んだり蹴ったりです。

丹後局は源通親とともに朝廷で権力を握り、若い後鳥羽天皇の朝廷でやりたい放題です。通親が死に、後鳥羽天皇が成人して親政を始めると、丹後局も引退しました。

丹後局は後白河の寵愛《ちょうあい》を受けて権力を握り、後白河の死後も権力を握った人だったのは間違いありません。

次に紹介するのは、藤原兼子《ふじわらのけんし》。

丹後局が政界を引退するようになるのは、女の戦いでもあります。

藤原兼子は後鳥羽天皇の乳母です。兼子の姉の夫は源通親。つまり、源通親は兼子の義理の兄です。兼子と通親は姻戚なのに仲が悪く、くっついたり離れたりが忙しいのです。

やたらとアクの強い義理の兄の通親が死んだあとは、藤原兼子が後鳥羽側近として人事を掌握しました。

兼子の前の夫が死んだあと、いろいろな男が兼子に殺到します。たとえば、太政大臣の大炊御《おおいみ》門頼実《かどよりざね》は妻がいるにもかかわらず藤原兼子と結婚するのですが、兼子が太政大臣に玉の輿《こし》なのではなく、太政大臣のほうが〝逆玉〟なのです。それぐらい兼子には権力がありました。

兼子は、頼朝の妻の北条政子《ほうじょうまさこ》と交渉しました。

政子の次男源実朝《みなもとのさねとも》には子供がいなかったので、後継者を皇室から迎えようとして、後鳥羽さんの皇子の誰かをもらい受ける交渉をしに、北条政子が京都に乗り込んでいきました。

と現代風に書きますが、「北条政子」なんて、後からつけた名前で、それまでなんと呼ばれていたか記録が無い、身分が低い女性です。

乗り込んできたのが、無位無官の誰だかよくわからない、名前も知らない人間なので、お父さんの名前が「時政《ときまさ》」で、その娘だから名前を「政子《まさこ》」としてしまおうとなったのが、このときです。だから、生前の頼朝は一度も「マサコ」と呼んではいません。ドラマなどでは仕方がないので「マサコ」と呼んでいますが、当時の頼朝に「北条政子」などと言っても「誰それ。そんな女、いたっけ」となってしまうでしょう。

そして、交渉成立。後鳥羽上皇からしたら、鎌倉で独立政権と化している武士たちを、息子を通じてリモートコントロールできます。悪い話ではない。また、後鳥羽上皇は三代将軍の実朝と非常に仲が良いのです。

ところが、その実朝が甥の公暁によって、暗殺されてしまいます。暗殺を謀った「公暁」ですが、これまではずっと「クギョー」と呼ばれていましたが、最近では「コーギョー」と読むのではないかと言われています。それはさておき。

後鳥羽上皇からしたら「そんな危ないところに実の子供を送れるか」です。当然、破談。それで鎌倉幕府の第四代将軍、第五代将軍は九条家から迎え、摂家《せっけ》将軍となりました。

ちなみに、摂家とはお公家さんの中で、摂政・関白に任ぜられる格式の家を指し、藤原氏北家《ほっけ》の嫡流を指し、鎌倉時代には、近衛・九条・二条・一条・鷹司《たかつかさ》の五つの家に分かれたところから「五摂家《ごせっけ》」とも呼ばれます。

後鳥羽上皇が幕府に喧嘩を売った承久《じょうきゅう》の乱（一二二一年）で見事なまでにコケてしまいます。そして、上皇は島流しにされるのですが、そこはこの本の主題ではないので省略。

兼子さんは乱後も都に留まったものの、所領をめぐっての争いがあったり、自身も病を得たりなど、不幸な最期でした。

平安以来、高級貴族の家では、究極のところ男は一人生まれてくれれば良いのです。二人も三人も男がいても喧嘩のタネですから。反対に女の子は何人いても良いと考えられました。いろんな家にお嫁に行けて、勢力を伸ばせますから。

●両統迭立――西園寺姞子が決定的な役割を果たした

承久の乱の後、朝廷は何事も関東（鎌倉幕府）の意向に従うようになりました。ついには、皇位継承も幕府の許可が無ければなにもできません。ただ、幕府のほうは朝廷の争いに巻き込まれるのを嫌がり、介入に消極的でした。

結局、第八十八代後嵯峨《ごさが》天皇の跡目争いから第八十九代後深草《ごふかくさ》天皇を領袖《りょうしゅう》とする持明院統《じみょういんとう》と、第九十代亀山《かめやま》天皇を領袖とする大覚寺統《だいかくじとう》に分かれて抗争していきます。その妥協が両統迭立《りょうとうてつりつ》です。両統から交互に天皇を出す妥協が成立しました。

両統迭立でも有力な女性が関わっています。後嵯峨法皇の女御だった、西園寺姞子《さいおんじきっし》です。「キッシ」あるいは「キツシ」と読むそうです。キツコさん。本当はどう発音したのかわからないのですが。

姞子の実家の西園寺家は、家格が五摂家より一つ下の大臣家です。承久の乱以降、朝廷は幕府との力関係が決定的になり、皇位継承問題も含めて、朝廷の大事なことは幕府の意向抜きには決められない存在に成り下がってしまいます。そうなると、関東申次《もうしつぎ》と呼ばれた、鎌倉幕府と交渉する人が朝廷で一番力を持つようになります。西園寺家はその関東申次の役職を世襲するのです。そして、西園寺家から何人も天皇の奥さんが送り込まれるようになりました。

第八十八代後嵯峨《ごさが》天皇（在位一二四二～一二四六年）が即位した直前から、西園寺家は陰謀を企《たくら》んでいました。

西園寺姞子のお父さんは、鎌倉幕府執権の北条泰時《やすとき》が危篤だとの報を聞き、急いで娘の姞子を後嵯峨天皇の女御に送り込むのです。しかも、後嵯峨天皇の別の奥さん平棟子《たいらのむねこ》が懐妊しているタイミングです。結局は、女の人の力は実家の力なのです。入内した娘が、天皇の後継者となる男の子を産んでくれなければ、実家の力もなくなるといった相互依存関係になっています。

平棟子が産んだ宗尊《むねたか》親王は、京都を追い出され、鎌倉幕府六代将軍にされてしまいます。

京都の公家にとって、鎌倉で傀儡の将軍になるのと、天皇になるのとでは、比べようもなく天皇になるほうが偉いに決まっています。

後嵯峨天皇はあっという間の四年で譲位。これは自分の子供に正統《しょうとう》を伝える意思表示です。姞子さんは、のちに犬猿の仲になる兄弟、第八十九代後深草《ごふかくさ》天皇（在位一二四六～一二五九年）と第九十代亀山《かめやま》天皇（在位一二五九～一二七四年）の二人の実母です。

一二四六年に後嵯峨天皇が譲位して院政がはじまり、後深草天皇は一二五九年まで、一応、十

◆持明院統と大覚寺統

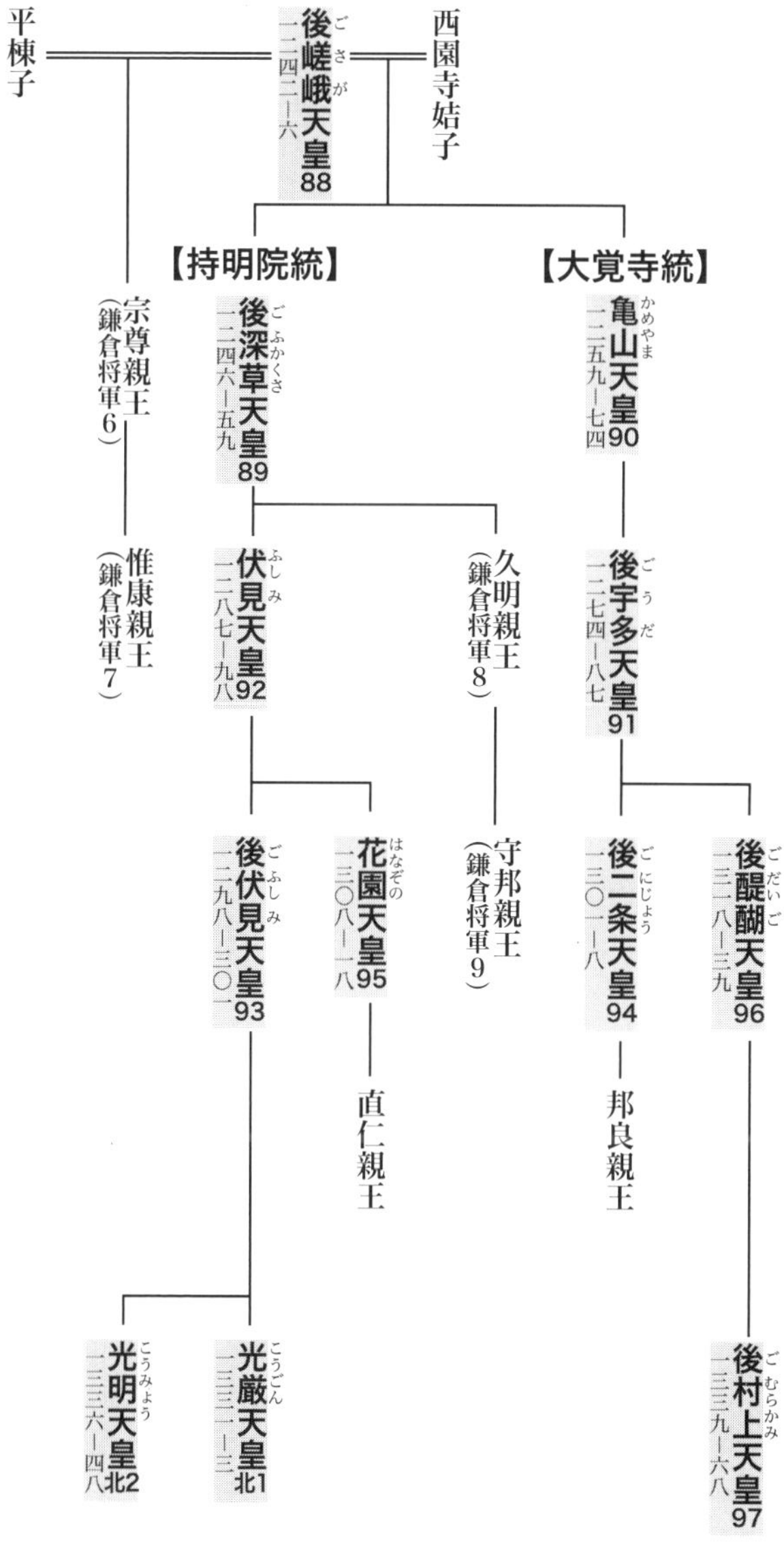
平棟子
後嵯峨《ごさが》天皇88 一二四二—六
西園寺姞子
【持明院統】
【大覚寺統】
宗尊親王（鎌倉将軍6）
後深草《ごふかくさ》天皇89 一二四六—五九
亀山《かめやま》天皇90 一二五九—七四
惟康親王（鎌倉将軍7）
伏見《ふしみ》天皇92 一二八七—九八
久明親王（鎌倉将軍8）
後宇多《ごうだ》天皇91 一二七四—八七
後伏見《ごふしみ》天皇93 一二九八—一三〇一
花園《はなぞの》天皇95 一三〇八—一八
守邦親王（鎌倉将軍9）
後二条《ごにじょう》天皇94 一三〇一—八
後醍醐《ごだいご》天皇96 一三一八—三九
直仁親王
邦良親王
光明《こうみょう》天皇北2 一三三六—四八
光厳《こうごん》天皇北1 一三三一—三三
後村上《ごむらかみ》天皇97 一三三九—六八

三年間天皇の座にありました。そこから十五年間は弟の亀山天皇に譲らされました。後嵯峨天皇がなぜ後深草ではなく、亀山にしたのかは、時代背景を考えれば案外単純な理由が見えてきます。元寇《げんこう》の危機が迫っていたからです。

元寇の脅威は、鎌倉幕府の五代執権北条時頼《ときより》（在職一二四六～一二五六年）のときから既に始まっていました。後深草天皇の在位は、主に時頼の在職中と被《かぶ》ります。

後深草は陰険な性格で陰謀が得意。なよなよしていて、皆の同情をかうのが得意技。一方の亀山天皇は本当にお公家かと見紛うぐらいの武張った人でした。では、どちらが危機の時代の天皇に相応《ふさわ》しいかとの理由で、亀山を選んだのだろうとの想像をしてみれば、意外と理由は簡単です。そうでなければ、ずっと後深草が天皇でも良く、生きている天皇に皇位を譲らせる理由はないわけです。

後嵯峨天皇の崩御は一二七二年、元が攻めてくる二年前でした。

元寇の危機が迫りつつあるこの年、八代執権北条時宗《ときむね》が鎌倉幕府の反主流派を粛清した二月騒動で挙国一致体制を作りあげます。そんな危機のときに両統迭立の争いが起こるのです。後嵯峨天皇も曖昧《あいまい》で、遺言には「遺産は治天の君に分けてやる」と言っただけでした。判定を求められた鎌倉幕府も困惑するしかありません。

その解釈権が、大宮院《おおみやいん》こと西園寺姞子に委ねられ、「それは亀山でしょう」となりました。事実としては、誰がどう見てもそうです。

しかし、後深草天皇に何らかの特別な失政があったわけでもありません。皇位が大覚寺統に独占されたら、持明院統は滅亡です。

亀山天皇はしばらく親政の後、息子で八歳の皇太子の世仁《よひと》親王を即位させ、第九十一代後宇多《ごうだ》天皇（在位一二七四〜一二八七年）とさせます。元が攻めてくる直前に幼帝擁立、皇位を大覚寺統で独占する宣言です。

持明院統が納得するはずもなく、後宇多天皇が即位したとき、後深草の息子の熙仁《ひろひと》親王（後の第九十二代伏見《ふしみ》天皇　在位一二八七〜一二九八年）を皇太子にしろと運動し、成功します。

明らかに幕府は「元が攻めてくるときに、そんなことは朝廷で決めてくれ」の態度です。さすがに、時宗に罪を問うのは、酷は酷です。しかし、結果論から言えば、このときに皇位継承を一元化せず、妥協したのが南北朝の動乱に繋がるのです。

後深草と亀山は、何から何まで争います。後深草が琵琶《びわ》の秘曲伝授を望んでいたのに、亀山に先行されたとライバル心を露《あらわ》にしたり……といった具合です。政治の派閥抗争から、女の奪い合いまで。元寇そっちのけで何をやってんだと言いたいですが、この時代に女性週刊誌が無くて良かったとしか言いようがありません。

その後、後宇多天皇のあとは、約束通りに後深草の息子の伏見が天皇になり、そのあとを後伏見（後深草系）、後二条（亀山系）がなって、このあたりは妥協が成立しています。しかし、平安のときとも同じで、正統《しょうとう》を一つの系統に決められないとなると、割れた二つがさらに二つに割れる事態を招くわけです。

後深草の持明院統の北朝は、伏見天皇のあと第九十三代後伏見《ごふしみ》天皇（在位一二九八～一三〇一年）になり、そのあと皇位が一旦、亀山系の第九十四代後二条《ごにじょう》天皇（在位一三〇一～一三〇八年）に移ってから戻ってきたときは、後伏見の弟が第九十五代花園《はなぞの》天皇（在位一三〇八～一三一八年）になっています。

ここまでを見ると、十年で交互に皇位を継ぐなどという約束が成立していたかどうか、また、それぞれの天皇の在位が十年でもないので、そんな約束自体がなかったのではないかとも言われます。それはともかく、なぜこのようになるかといえば、十年ぐらいで皇位が交代すると、その時点で天皇になる適切な人材がいなくなるのです。たとえば、後伏見さんのあと、なぜ息子に皇位がいかないかというと、息子の量仁《かずひと》（のち北朝第一代光厳《こうごん》天皇、在位一三三一～一三三三年）がまだ幼いのです。だから持明院統は花園天皇を中継ぎにしているのです。

亀山側も後宇多のあとに後二条がいて、後二条の息子邦良《くによし》（くになが）親王が小さいので、後宇多のもう一人の息子で、花園天皇の皇太子になっていた尊治《たかはる》に天皇をやらせたら、この三十一歳の皇太子は、中継ぎで終わる気など、さらさらない。これが第九十六代にして、南朝の第一代後醍醐《ごだいご》天皇（在位一三一八～一三三九年）です。その結果、大覚寺統《だいかくじとう》が分裂して、全部で三分裂の状態になるのです。

その後の大きな流れを記しておくと、結果的に鎌倉幕府が潰されます。しかし、後醍醐天皇には政権担当能力がなく、吉野の山奥に南朝を樹立、抵抗します。

足利の力によって持明院統の力が戻って来て、光厳上皇は弟の北朝第二代光明《こうみょう》天皇（在位一三三六～一三四八年）を立てて、院政を敷きます。持明院統により足利尊氏は征夷大将軍に任じられ、幕府を開きます。

その北朝は、北朝第三代崇光《すこう》天皇（在位一三四八～一三五一年）に継がれるとき、光厳上皇は崇光天皇の皇太子に、花園天皇の息子直仁《なおひと》親王を立てます。自分を天皇にしてくれた亡き大恩人の花園天皇の息子に皇位を戻すのだと言うのですが、実は直仁親王は花園天皇の奥さんと光厳上皇が密通してできた子だったのです。これは飯倉晴武『地獄を二度も見た天皇　光厳院』（吉川弘文館、二〇〇二年）に書かれています。

ところが、直仁親王に皇位は継がれませんでした。なぜなら、観応《かんのう》の擾乱《じょうらん》（足利政権の内紛。一三四九～一三五二年）のとき、後醍醐の意思を継ぐ第九十七代後村上《ごむらかみ》天皇（在位一三三九～一三六八年）が一時的に京都を占領して、崇光天皇を廃してしまうのです。この時点で、光厳・光明・崇光の三上皇に、廃太子とされた直仁親王がいます。そして足利の逆襲に遭って京都から逃亡する際、南朝は三上皇と廃太子を吉野まで拉致《らち》していきます。

皇室存亡の危機です。そんなとき、女院の力に頼りました。

●西園寺寧子――治天の君になった女性

西園寺寧子《ねいし》（やすこ）は故後伏見天皇の女御です。時の光厳、光明上皇の実母であり、崇光天皇改め上皇の祖母でもある人です。

ただ寧子は、皇后でもなければ中宮でもありません。

この時代になると、皇后が立てられなくなり、中宮もおかれなくなってきて、皇后・中宮の制度はあっても廃れてしまい、跡継ぎを産んだ奥さん（女御）が一番偉いとされる時代になっているのです。

寧子は夫である後伏見天皇が弟花園天皇を猶子《ゆうし》にしていたので、花園天皇の時代には「准母」として権威を持っていました。夫は早死にしたのですが、彼女自身は「広義門院《こうぎもんいん》」という女院にしてもらっています。

花園天皇から後醍醐天皇に皇位が移り、大覚寺統の政権となったので、広義門院の影響力はありませんでした。後醍醐天皇が鎌倉幕府を倒して権力を握ったときも、やはり広義門院の影響力

◆治天の君と天皇の系図

【持明院統】

天皇	治天の君
崇光《すこう》天皇 北3（一三四八―五一）	12 光厳上皇
後光厳《ごこうごん》天皇 北4（一三五二―七一）	13 西園寺寧子（広義門院） 14 後光厳天皇 14 後光厳上皇
後円融《ごえんゆう》天皇 北5（一三七一―八二）	14 後光厳上皇 15 後円融天皇
後小松《ごこまつ》天皇 100（一三八二―一四一二）	15 後円融上皇
称光《しょうこう》天皇 101（一四一二―二八）	16 後小松天皇 16 後小松上皇

天皇	治天の君
後深草《ごふかくさ》天皇 89（一二四六―五九）	
伏見《ふしみ》天皇 92（一二八七―九八）	2 後深草上皇 3 伏見天皇
後伏見《ごふしみ》天皇 93（一二九八―一三〇一）	3 伏見上皇
花園《はなぞの》天皇 95（一三〇八―一八）	6 伏見上皇 7 後伏見上皇
光厳《こうごん》天皇 北1（一三三一―三三）	10 後伏見上皇
光明《こうみょう》天皇 北2（一三三六―四八）	12 光厳上皇

【大覚寺統】

天皇	治天の君
亀山《かめやま》天皇 90（一二五九―七四）	1 亀山天皇
後宇多《ごうだ》天皇 91（一二七四―八七）	1 亀山上皇
後二条《ごにじょう》天皇 94（一三〇一―〇八）	4 亀山上皇 5 後宇多上皇
後醍醐《ごだいご》天皇 96（一三一八―三九）	8 後宇多上皇 9 後醍醐天皇 11
後村上《ごむらかみ》天皇 97（一三三九―六八）	後村上天皇
長慶《ちょうけい》天皇 98（一三六八―八三）	長慶天皇
後亀山《ごかめやま》天皇 99（一三八三―九二）	後亀山天皇

※□数字は治天の君の就任順

など皆無です。しかし、足利が後醍醐天皇を倒すと、広義門院はまたそれなりに尊敬される地位に戻り、光厳天皇が即位すると国母の地位になり、光厳上皇が治天の君になったので、治天の君の母として尊敬される地位となりました。とはいえ、そもそも朝廷が幕府に依存している状況であり、広義門院自身も出しゃばる人ではなかったようです。

南北朝の動乱とは、持明院統（北朝）と大覚寺統（南朝）の争いです。南朝がまともに戦えたのは数年だけでした。ところが、勝った足利の側が観応の擾乱で二つに割れてしまいます。

そんな中で起こったのが、南朝が北朝の三上皇と廃太子を拉致する、いわゆる「三院廃太子拉致事件」です。これは南朝の後村上天皇の側近だった北畠親房《きたばたけちかふさ》が放った渾身《こんしん》の一撃です。

三上皇と皇太子の四人を連れ去られた北朝は、実際に半年間も政務が停滞してしまいます。上皇も天皇も皇太子もいないので何の儀式も行えず、征夷大将軍の役職も南朝に言われて返上したままで、幕府の人事も動かなければ、宗教界の人事も動きません。人事が決められないと、あらゆる行政が停滞してしまいます。儀式も何もできない状態になってしまうのです。

そこで登場するのが、足利幕府の忠臣であり知恵者である佐々木道誉《どうよ》、そして道誉と仲が良いお公家さんの勧修寺《かじゅうじ》経顕《つねあき》です。

佐々木道誉は一般には婆娑羅《ばさら》大名の乱暴者と言われていますが、道誉は朝廷との交渉役もやっていて、野蛮人の集まりの室町の中で、本当の文化人です。

その道誉と勧修寺が組んで、広義門院こと、西園寺寧子のところに、治天の君になってほしいと懇願しにやってきます。広義門院を訪れること十六日目にして、ようやく了承してもらえました（前掲『室町の王権』一一頁）。

寧子は最初、足利義詮《よしあきら》が上皇たちを戦場に置き忘れてきた「三院廃太子拉致事件」を、ふざけるなと取り付く島もありません。しかも自分は民間人の女性であって、女院号はもらっているけど皇女ではない。皇女ではないのにそんな治天の君になってくれだのと言われても。そんな非常識なことができますかと言うのを、道誉と勧修寺様が拝み倒したのです。

広義門院が治天の君になって、「天下一同法《てんかいちどうのほう》」という令旨《りょうじ》を出しました。これは、南朝との和議である「正平《しょうへい》の一統」を全部無しにして、それ以前の状態に戻すとの宣言です。これによって、南朝に征夷大将軍を返上していた足利尊氏は、過去に遡って征夷大将軍であり続けることになったのです。

ちなみに、二十世紀にフランスやオーストリアは、ナチスの占領から解放されたときに、ナチスが制定した憲法以下あらゆる法の無効を宣言しました。フランスやオーストリアがやったのは「憲法無効宣言」と呼ばれますが、「天下一同法」も憲法無効宣言です。

南朝は動乱のドサクサで、三種の神器を持ち逃げしています。三種の神器がなければ天皇の位につけないのかと言えば、そうとだけも言えません。かつて、源平合戦のとき、三種の神器を欠いたまま、治天の君である後白河院が後鳥羽さんに「お前、天皇をやれ」と言った「伝国詔宣《でんこくしょうせん》」といった儀式がありました。それをやればいいわけです。

このときの問題は、その伝国詔宣の儀式を行う人がいなかったので、それができる治天の君を探していたのです。

治天の君となった広義門院が、崇光さんの弟の弥仁《いやひと》皇子に「お前、天皇になれ」と伝国詔宣の儀式を行い、北朝第四代後光厳《ごこうごん》天皇（在位一三五二～一三七一年）になりました。

このときの先例は、継体天皇の「群臣評議」です。後鳥羽天皇を立てたときも、継体天皇が先例とされました。「困ったときの継体天皇」ではないですが、後光厳天皇は、継体天皇と後鳥羽天皇を先例に即位、北朝は無事に維持されました。

広義門院は、民間人の女性が治天の君になった唯一の例です。

最近も国際連合という野蛮人の集団が、「男系男子の天皇しか認めないのはジェンダー平等に反する」などと寝言を言いだし、外患誘致の如《ごと》く暴れる逆賊がいますので、そういう人には「アナタたちは西園寺寧子を知っていますか」とお答えするようにしています。

大事なことなので二度言います。国際連合という野蛮人の集団に外患誘致の逆賊どもが便乗している、嘆かわしい現状です。

悪例として、その後は先例となっていません。それどころか、西園寺寧子を最後に、豊臣秀吉の時代の近衛前子《このえさきこ》（一五七五～一六三〇年）が、第百七代後陽成《ごようぜい》天皇（在位一五八六～一六一一年）の女御になるまで、女御すら立てられなくなります。朝廷に財力が無く、どんどん法形式の維持ができなくなるのです。皇后、中宮どころではありません。この例だけでも、律令だけを持ち出してすべてであるかのように語る人が、いかに現実を見ていないのかがわかります。

それはともかく、「民間人の女性が治天の君になった」事実は残ります。我が国の長い歴史で、民間人の男性は一人も皇族になっていませんが、民間人の女性が治天の君になれます。これで、なぜ男女差別なのか。それを言うなら、徹底して男性排除です。なぜパンピーの男を皇族にするのが、男女差別解消なのか。

さて、本書の主題です。民間人の女性は皇族になっていないのか。明治になって初めて、民間人の女性が皇族になれるようになったのか。

この章で登場した、八条女院以外の、丹後局、藤原兼子、西園寺姞子、西園寺寧子は皆、公家とはいえ、元は民間人の女性なのです。しかし、完全に皇族として振る舞い、天皇以上の権力を握っているわけです。それがなぜ許されるのか。

答えは明白。皇族になっているからです。

皇親たる女性である皇女になったわけではないのだけれども、結婚によって皇族になっているのです。皇女になってはいないけど、皇族にはなっていて、「王家」の身内に入っている。「王家」

の完全な一員になっているのです。

「西園寺寧子一人で、例として出すな」と言う人がいます。しかし寧子だけでなく、大宮院（西園寺姞子）も、誰が治天の君かを決めているのです。そういう例、平安時代以降、無数にあります。藤原道長の娘の彰子は名実ともに「国母」として、時の天皇にも影響力を行使しました。最初の女院である詮子の例も紹介しました。

こういう例を見ずに、光明皇后が書いた「藤三娘」の署名だけを皇族になっていない証拠として、金科玉条にされても困るのです。


いろいろな例を取り上げ、縷々《るる》書いてきたのは、一般人女性は皇族と結婚しても、本当に皇族になっていないのか、女帝は本当に禁止されていないのかを確認するためです。

女性は皇族と結婚すれば、皇族になっていました。皇親の女性たる皇女にはなっていませんが、皇室の一員となっています。

一般人女性が皇族になれている中世を無視して、皇室史を語られても困りますし、そういった歴史があった事実を無視されても困るのです。

第六章　近世の女性たち

◆近世以後の天皇系図

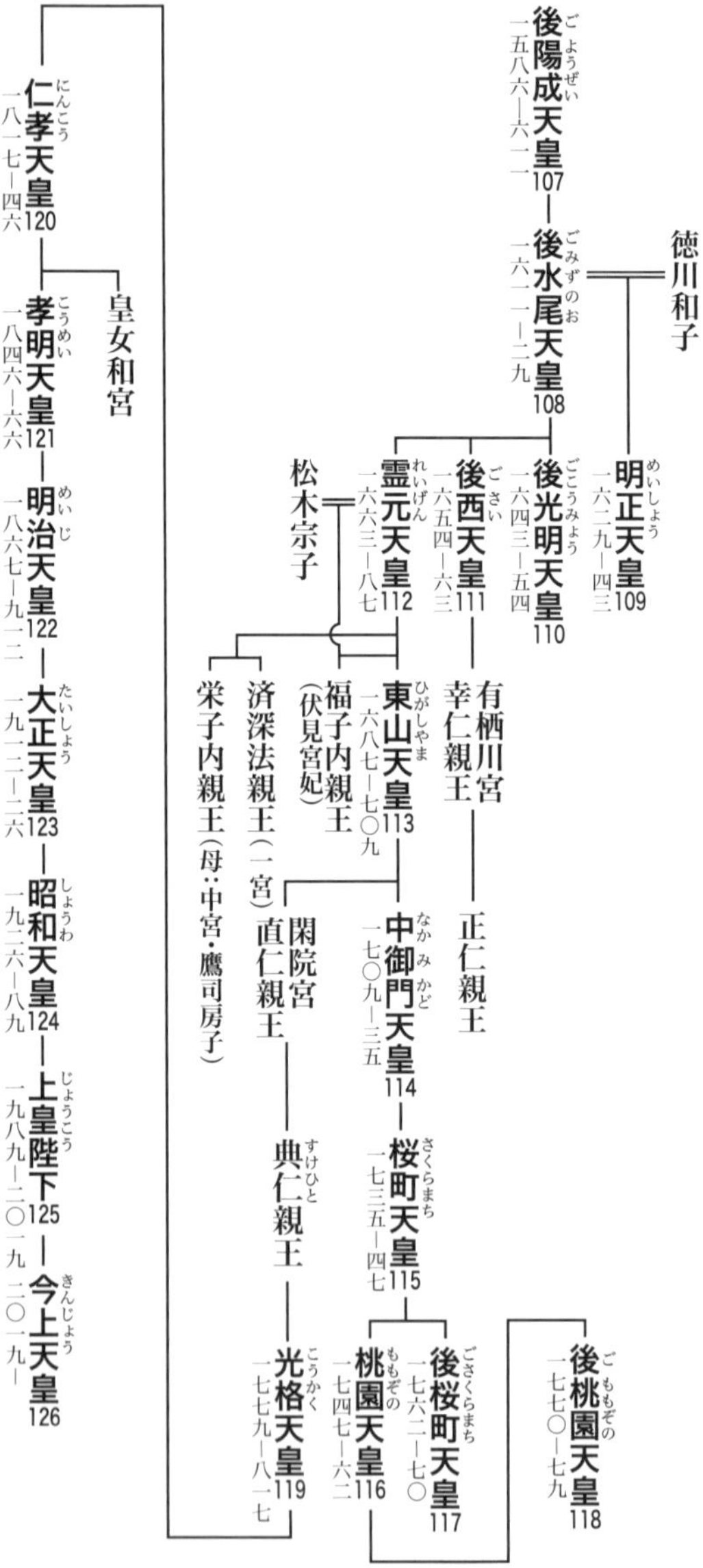
後陽成《ごようぜい》天皇107
一五八六—一六一一
後水尾《ごみずのお》天皇108
一六一一—二九
徳川和子
明正《めいしょう》天皇109
一六二九—四三
後光明《ごこうみょう》天皇110
一六四三—五四
後西《ごさい》天皇111
一六五四—六三
霊元《れいげん》天皇112
一六六三—八七
松木宗子
有栖川宮
幸仁親王
正仁親王
東山《ひがしやま》天皇113
一六八七—一七〇九
福子内親王
（伏見宮妃）
済深法親王（一宮）
栄子内親王（母：中宮・鷹司房子）
中御門《なかみかど》天皇114
一七〇九—三五
閑院宮
直仁親王
桜町《さくらまち》天皇115
一七三五—四七
典仁《すけひと》親王
後桃園《ごももぞの》天皇118
一七七〇—七九
後桜町《ごさくらまち》天皇117
一七六二—七〇
桃園《ももぞの》天皇116
一七四七—六二
光格《こうかく》天皇119
一七七九—一八一七
仁孝《にんこう》天皇120
一八一七—四六
皇女和宮
孝明《こうめい》天皇121
一八四六—六六
明治《めいじ》天皇122
一八六七—一九一二
大正《たいしょう》天皇123
一九一二—二六
昭和《しょうわ》天皇124
一九二六—八九
上皇《じょうこう》陛下125
一九八九—二〇一九
今上《きんじょう》天皇126
二〇一九—

●徳川和子——女帝が復活できた理由とその後

この章では、四人の女性を通じて、江戸時代を語っていきます。まずは、江戸時代に入るまでの時代背景から。

南北朝の観応《かんのう》の擾乱《じょうらん》以降、女性の活躍どころか、朝廷そのものが逼塞《ひっそく》する暗黒時代が本格的に到来。室町時代も悲惨なら、続く戦国時代は朝廷の重要な儀式が、ことごとく途絶えていく時代です。

三院廃太子同時拉致《らち》事件で立太子の儀が絶えます。その後は、天皇が「一宮《いちのみや》」と呼べば、それで皇太子と認められるようになります。令和の現在、秋篠宮殿下が皇嗣《こうし》を名乗っているにもかかわらず、「皇嗣は皇太子ではない。皇太子が不在だ」などと吠《ほ》えている大馬鹿者がいます。これ、皇室典範に天皇の弟がなったときの規定がなく、「皇嗣」と呼んでいるだけで、実際は皇太子と同じ皇太弟です。直仁《なおひと》親王（一三四八年）を最後に東山天皇（一六八三年）まで、立太子の儀が三三五年も絶えていたのを考えると、秋篠宮殿下は立太子の儀に准じた立皇嗣の儀を行い、皇位継承者の証である壺切御剣《つぼきりのみつるぎ》を天皇陛下から授けられています。なぜ今が「皇太子不在」なのか、何を言っているのかわかりません。秋篠宮殿下は東宮です。

それはさておき、室町戦国の皇室では、他にも大事な儀式が途絶えていきます。それを織田信長や豊臣秀吉、江戸幕府が再興していきます。

織田信長は伊勢神宮の式年遷宮を約一二〇年ぶりに復活させたのをはじめ、数々の朝廷儀式の復興に尽力しました。信長のみならず、織田家は父の信秀の代から、朝廷への献金は欠かしませんでした。織田家は熱田《あつた》神宮の利益代表で、伊勢湾の利権が生命線の家ですから、尊皇家なのも、それなりの理由があるのです。

豊臣秀吉はなにしろ農民の子なので、人に言うことを聞かせるためにも朝廷の権威をうまく利用します。時の正親町《おおぎまち》天皇や後陽成《ごようぜい》天皇とも協調しました。戦国時代の天皇は譲位ができなかったのですが、秀吉の時代になり譲位が復活し、一五八六年、正親町上皇から後陽成天皇への譲位がかないました。応仁《おうにん》の乱（一四六七〜一四七七年）直前の第百二代後花園《ごはなぞの》天皇（在位一四二八〜一四六四年）以来、実に一〇〇年ぶりの譲位でした。

最終的な天下統一を果たした徳川家康は、朝廷を徹底的な監視下におきました。家康は西国大名が朝廷を担いだときが、幕府が滅びるときだと見ていたようです。最後はその通りになるのですが、そうなるのを阻止するために京都所司代《しょしだい》を監視役に置きました。朝廷は何事も所司代に相談しなければなりません。諸大名は幕府を通してしか、朝廷と接触できません。

そして家康は、禁中《きんちゅう》並《ならびに》公家中《くげちゅう》諸法度《しょはっと》（禁中並公家諸法度は俗用）で、天皇を法の下におきます。ちなみに、禁中並公家中諸法度第一条は、第八十四代順徳天皇の書いた先例集『禁秘抄《きんぴしょう》』からもってきた内容です。第一条は、「天子は学問を身につけなければならない」から始まり、政治に対する口出しを禁止しています。現代の日本国憲法の解釈では「天皇ロボット説」が政府の有権解釈かつ学界の通説ですが、その原点は禁中並公家中諸法度です。天皇を法の下においたのが画期的でした。

それ以前の（すっかり形骸化《けいがいか》した）律令には、天皇を縛る規定がありません。天皇は法の上にある存在だからです。要するに、律令ある限り、天皇親政が前提なのです。もし律令の規定を金科玉条にするなら、律令（による太政官制）が正式廃止された明治十八（一八八五）年まで日本は天皇親政になります。また、その後の大日本帝国憲法を天皇親政だと解釈した人がそれなりにいましたから、昭和二十二（一九四七）年まで日本は天皇親政だったことになります。いかに成文法だけを見るのが、意味がないか。現実の天皇は権力を手放していましたし、江戸時代から「ロボット」にされました。

家康は天皇に取って代わろうとか朝廷を潰そうとかは考えませんでしたが、徹底的に支配しようとします。

家康は、頼朝よろしく、自分の孫娘である和子《まさこ》の入内《じゅだい》を目論みます。頼朝は娘でしたが、家康は孫娘です。家康の生前にはできませんでしたが、息子の第二代将軍秀忠の代で実現します。

家康、秀忠親子は第百七代後陽成《ごようぜい》天皇（在位一五八六～一六一一年）に対して、徹底してコケにする態度をとり続けます。およそ尊皇心があったとは言えない行動の数々の中の一例を挙げると、猪熊《いのくま》事件です。猪熊教利《のりとし》という不良公家が、後陽成天皇の後宮の女官たちと片っ端から密通していた事件です。後陽成天皇が事件に関与した不良公家どもの処刑を主張したにもかかわらず、家康は穏便にすませようとし、後陽成天皇は激怒。猪熊は斬刑。こうしたことが、日常的に繰り返されていました。

後陽成天皇の息子の第百八代後水尾《ごみずのお》天皇（在位一六一一～一六二九年）に対しては、秀忠があの手この手で圧迫してきます。秀忠が自分の娘和子を押し付けようとしたとき、後水尾天皇もあの手この手で抵抗します。ちなみに「宮中に濁音の名前は良くないから」と「まさこ」と改名させたとの伝説がありますが、和子が本当はどう呼ばれていたのかわからないから、その伝説が本当かどうかわかりません。

後水尾天皇には既に妻と子供がいたのですが、お構いなし。かつての藤原氏もやったことですが、徳川も自分の娘を押し付けようとしました。

和子が生まれて間もなくのころから考えられていた入内の話が、ようやく決定したのが一六一四年。その後、家康、後陽成天皇が相次いで亡くなるなど、何度か延期され、ようやく入内したのが、一六二〇年、和子は十四歳になっていました。

後水尾天皇には何人も子供が生まれたのに、入内した和子が子供を産むまでは、次々と男の子が夭死《ようし》します。当時から幕府による暗殺説がありました。ただ、今とは比べものにならないくらい、当時の乳幼児死亡率が高かったのも確かです。後水尾天皇が譲位してからは誰も死んでいないので、やはり暗殺説か。と言っても、わからないとしか言いようがありません。そうした噂が流れて緊迫した関係であったのは事実です。

和子は、一六二三年に女一宮興子《おきこ》（のちに内親王、明正天皇《めいしょう》）を産みます。翌一六二四年に、何百年ぶりかの中宮になります。数字が曖昧なのは、南朝正統論によれば、第九十八代長慶天皇《ちょうけい》の中宮の西園寺公重《きんしげ》の女《むすめ》と伝わる女性が、一三七一年頃に中宮になったと推測される、というい い加減な話だからです。そもそも長慶天皇その人が「本当に天皇だったの」と疑われていて、大正十五（一九二六）年にようやく歴代代数に入れられたほど、事実が不明な方だからです。その前は後醍醐天皇が持明院統との融和のために一三三三年に後伏見天皇の第一皇女珣子《しゅんし》（たまこ）内親王を中宮に迎えて以来です。珣子内親王からだと二九一年ぶり。徳川家の権威が上昇します。なお、一六二六年に和子は男の子も産むのですが、二年後に夭折《ようせつ》します。後水尾天皇は最初、この子に譲位しようとしました。

一六二九年、三代将軍家光の乳母お福がいきなり上洛し、天皇に会いに来ます。無位無官の人間に会わせるわけにいかないので、「春日局《かすがのつぼね》」の称号を与えます。室町幕府三代将軍・足利義満の側室と同じ名前です。江戸幕府には「三代将軍の先例に」と説明したようです（久保貴子『徳《とく》川和子《がわまさこ》』吉川弘文館、二〇〇八年、七九頁）。義満は朝廷に大不敬を働いた人物。朝廷の先例を江戸幕府の人が熟知していたとは思えませんから、「もの知らずへの嫌がらせ」でしょう。どうも家光は、乳母に立派な称号を与えてもらったと、喜んでいたようですが。

あれこれと重なって、後水尾天皇は爆発寸前です。抗議の譲位を考えていたようです。

同年、そんなところに起きたのが「紫衣事件《しえ》」です。紫衣とは高僧が着用する紫色の法衣です。紫衣の着用は、本来は天皇の権限で許可されるのですが、幕府に知らせなければならないとなっていました。後水尾天皇が許可した紫衣を、幕府が無効としたのが紫衣事件です。それに抗議した高僧らが流罪になり、後水尾天皇はついに爆発します。

突如として、女一宮興子に内親王宣下すると、電光石火で譲位を断行。そして翌年、興子内親王が明正天皇として即位しました。この動きを所司代はつかめませんでした。

鳥羽法皇ですらできなかった女帝の復活が、なぜ後水尾天皇にはできたのか。不文法である憲法習律を突破するための二つの条件、現実の政治で多数が取れる力があること、そして大義名分、この二つが揃《そろ》ったからです。

まず、後水尾天皇の側近が支持しています。たとえば、近衛信尋《このえのぶひろ》、一条昭良《いちじょうあきよし》らは、五摂家の養嗣子となった後陽成天皇の皇子であり、後水尾天皇の実の弟たちです。幕府の処罰も恐れず、天皇の盾となる公家も何人もいました。そして、最終的に朝廷全員が天皇に従いました。後水尾天皇は非常に学問好きで、日頃から今でいうゼミ形式の勉強会を開いていて、天皇に付き従った朝廷の人たちはゼミ仲間でもあったのです。

そして、もう一つの条件である大義名分。後水尾天皇には、幕府の圧迫から朝廷を守るとの大義名分がありました。

二つの条件が揃ったからこそ、後水尾天皇に女帝の復活ができたわけです。

女帝が〝憚《はばか》られていた〟のは憲法習律なので、本気で破ろうと思えばできるのです。大義名分があって、政治力学で突破できるのであればやっていい。まさに、イギリス流の憲法習律そのものです。

イギリスの国王ジョージ五世の例は既に説明しました。イギリスの憲法習律と我が国の憚《はばか》り、どちらも成文法で禁止されていないからいざというときに柔軟な運用ができます。

もし女帝が成文法で禁止されていたなら、明正天皇は立てられなかったはずです。しかし、憚られていたにすぎないので、徳川も文句のつけようが無かったとの力学が働いています。

それでも法も何もなく力ずくで、江戸幕府が後鳥羽上皇が起こした承久《じょうきゅう》の乱（一二二一年）の鎌倉幕府執権北条義時のような態度で軍勢を進軍させれば、明正天皇は九条廃帝と同じ運命になっていたでしょう。ただ、後水尾上皇の電光石火の譲位に、そこまでの決心がつかなかったと説明するのが妥当でしょう。

何より、この政治過程で、当の和子自身が、後水尾天皇の側近になっているのが明らかです。これが決定的に大きかった。

徳川秀忠は、いわば監視役兼スパイとして、娘の和子を天皇の嫁に送り込んでいるわけです。そんなのは戦国大名なら皆、やっていることです。送り込まれた女に心を許さずスパイとして放置するか、身内として取り込むかは、嫁をとった側の力量です。天皇は和子を見事なまでに身内に取り込んだということになります。

少なくとも、和子が実家に味方して、後水尾天皇の動きを実家である幕府側に内通していたら、この動きは潰《つぶ》れていたのですから。この一事を以《もっ》てして、和子は後水尾の身内に取り込まれていたと考えるのが自然です。

今一度、近世以後の天皇系図を見てください。後水尾天皇が娘の明正天皇に皇位を譲る。これがどういう意味を持つのか。明正天皇が践祚《せんそ》したのは、七歳のときです。その後、生涯独身です。

歴代女帝は未亡人か生涯独身です。だから、秀忠は自分の孫を天皇にできません。教科書などには、後水尾天皇は「抗議の意味で譲位した」といったふうに書いているだけなのですが、もっと強い意思で「秀忠の孫を天皇にはさせない」との意味なのです。

後水尾天皇に男の子がいれば、その子に譲位するといった事態もあったのでしょうが、そのときは、たまたま男の子がいませんでした。まさか、後水尾天皇が自分の子供を殺したとは考えにくいので、本当に〝たまたま〟としか言いようがない。

幼帝かつ女帝なので摂政をおき、儀式は摂政がかなり代行しています。成人してからも、摂政のままでした。明正天皇は天皇在位中も辞めたあとも、ほぼ座敷牢《ろう》のような暮らしです。死ぬまで何も良いことがない。何もしないことだけが仕事の一生でした。後水尾天皇は自分の娘を犠牲にして、徳川の介入を撥《は》ね返しました。何より、明正天皇の名前が悲しすぎます。事績がないので、古代の女帝の「元明」「元正」から一字ずつとって「明正」にしました。

儒学者の林羅山《らざん》は家康の頃からブレーンとして、幕府の政治に関わってきた人です。その羅山は明正天皇への譲位を聞いたとき「女帝をやったのですか。ロクなことはないですよ」と言ったそうです（久保貴子『後水尾天皇』ミネルヴァ日本評伝選、二〇〇八年、七九頁）。

譲位の二年後、秀忠が死去。朝幕は融和。後水尾上皇は多くの子宝に恵まれます。

明正天皇はお役御免になり、第百十代後光明《ごこうみょう》天皇（在位一六四三〜一六五四年）が継ぎました。この人は、夭折しました。継いだのは、第百十一代後西《ごさい》天皇（在位一六五四〜一六六三年）です。後西天皇は後水尾天皇の第七皇子で高松宮家を継いでいたのですが、後光明天皇に子供がなく、後水尾天皇の第十九番目の皇子で、後光明天皇の猶子になっていた識仁《さとひと》皇子（のちの霊元《れいげん》天皇）が成長するまでの中継ぎとして登場しました。後西天皇が践祚するときには、後水尾法皇の愛妾《あいしょう》・園国子が産んだ識仁親王に正統《しょうとう》が移ると決まっていました。

こうした移り変わりの中、後水尾天皇の譲位に伴って、和子は「東福門院《とうふくもんいん》」の院号宣下を受け、後光明・後西・霊元と三代の天皇の養母となります。

東福門院は、すっかり皇室の一員になっていました。女院は派手好きで有名で、実家から仕送りを巻き上げ、大量の着物を多くの人に分け与えたとか。幕府の倹約令も無視（前掲『徳川和子』一四九～一五五頁）。三代将軍の妹ということで幕府も手を出せませんが、経済的にも決して豊かでない朝廷の権威を上げます。東福門院は将軍の妹である以上に、治天の君の妻として尊敬されました。

身も心も皇族となっていました。

●松木宗子──「大准后」と呼ばれた女傑

第百十二代霊元《れいげん》天皇（在位一六六三～一六八七年）は、大嘗祭《だいじょうさい》から立太子の儀と、片っ端から重大な儀式を復活させていきます。

後水尾天皇も霊元天皇も、それぞれ三十人以上の子供がいました。子供が大勢いただけに、霊元天皇をめぐる女の争いも激しかったようです。

霊元天皇は独断で「ないしのすけ」とも呼ばれる「典侍《てんじ》」の役職に、中級公家の娘である松木《まつのき》宗子《むねこ》をつけました。幕府や朝廷の公家の上層部は五摂家から霊元天皇の女御として入内し、のち中宮になる鷹司房子《たかつかさふさこ》に子供を産ませたかったようです。しかし、霊元天皇は所司代のそんな態度などは無視して子作りに励み、宗子はのちの第百十三代東山《ひがしやま》天皇（在位一六八七〜一七〇九年）を産みます。

霊元天皇は幕府と通じている五摂家が大嫌いで、日常的に権力闘争が起きている状態です。

鷹司房子が男の子を産んだらその子を一宮、皇太子にするとしていたのですが、房子に子供が生まれる前に、小倉家の娘で中納言典侍が産んだ男の子が一宮になりました。当時はまだ皇太子の制度が事実上ないので、一宮と呼ばれていたわけです。

そんなときに、第四代将軍家綱《いえつな》と後水尾法皇が、ほぼ同時に亡くなります。これを好機とばかりに霊元天皇は小倉家の娘が産んだ一宮を力ずくで出家させ、小倉家をパージする挙に出たのです。小倉事件と呼ばれています。

家綱のあとの、第五代将軍綱吉《つなよし》は尊皇家でしたから、霊元天皇が決めたことなので、おっしゃるとおりに従いますといった姿勢です。むしろ、朝廷と喧嘩をするのは所司代なのです。京都と江戸は遠く、飛脚を飛ばしても三日はかかり、やり取りに時間がかかるので、京都所司代は特命全権大使みたいな役割です。

霊元天皇は側近や幕府と対立します。そうかと思えば、対立しているはずの側近や幕府が霊元様お願いしますと頼ってきてなにかと忙しいのです。院政をやるかと思ったら、停止したり、また復活したりと目まぐるしいのです。結果的に、霊元天皇は朝廷の、狭い公家世界の中でとはいえ、名実ともに治天の君の地位を確立します。

そして、松木宗子が産んだ朝仁《あさひと》親王が次の天皇になります。東山天皇です。天皇の実母はそれ自体が権力者になるわけで、宗子も「准后《じゅごう》」の位をもらいます。息子の東山天皇が即位すると、国母となりました。

ちなみに「大准后」と書かれた史料が、東京大学史料編纂所《へんさんじょ》に九点残っています。本当にそのような称号が贈られたかどうかはともかく、その通称が広まっていたのは確かです。

宗子は天皇になる男の子を産んだのに、なぜ皇后、中宮、あるいは、女御にさえなれないのかと言えば単純な理由で、女御の鷹司房子がいるのを飛び越してはなれないからです。もとより鷹司家は五摂家ですから、中級公家の松木家とは格が違います。

現在の皇位継承問題で「准后」を先例とした「准皇族」が話題になっていますが、「准后というのは実権を伴う人なのでは」と言い出す人がいます。室町時代の宿老会議を取り仕切った満済《まんさい》准后などは、その肩書で権威を持ちましたが、准后が実権を伴う意味を持ったのは例外的です。そもそも藤原良房の引退に際し贈られた待遇ですし（恩給が伴った）。准后は、少なくとも江戸時代には完全に称号と化していました。

この頃、永代親王家の伏見宮家で当主が次々と病没。鍛冶屋《かじや》に丁稚《でっち》に行っていた安藤長九郎という少年が第十代貞清《さだきよ》親王の御落胤《ごらくいん》だとして呼び戻されました。第十三代貞致《さだゆき》親王です。「DNA鑑定もない時代に本物かわかるのか」と思うかもしれませんが、ほぼ間違いなく本物です（ほぼと言うのは、鑑定の世界では一〇〇％の断言をしてはいけないそうで。そもそも江戸時代のことを今から鑑定は不可能です）。疑う余地があれば、後水尾法皇の皇子の誰かが、伏見宮家を継いで終わりですから。

そんな伏見宮家第十四代邦永《くになが》親王（貞致親王の皇子）に、霊元法皇と宗子の娘の福子《ふくこ》内親王が嫁ぎます。古代よりの知恵である「女系で男系を補完する」です。ちなみに、後の十一宮家、今で言う旧皇族の方々は全員が邦永親王と福子内親王の子孫です。世の中には「旧皇族はどこの馬の骨とも知れない鍛冶屋の丁稚の子孫だ。だから女系天皇しかないんだ」と主張する人もいますが、仮に万歩譲って貞致親王が皇族の血を引いていないとしても、旧皇族の方々は女系で福子内親王の子孫なのです。女系天皇を主張しながら、女系の子孫を否定するとは、どういう意味なのでしょう。

●後桜町天皇――江戸の人々は何重にも備えていた

後水尾天皇、霊元天皇は数十人も子供がいたにもかかわらず、二五〇年間も皇位の不安定継承が続いていています。東山天皇や中御門《なかみかど》天皇もまたお子さんは多かったのですが、事情は変わりません。危機が解消するのは、なんと第百二十三代大正《たいしょう》天皇（在位一九一二～一九二六年）のときなのです。いったい江戸時代、何があったのか。

東山天皇には、中御門天皇のほかにも親王も多く、その中から直仁《なおひと》親王が閑院宮《かんいんのみや》家を創設します。親王が多くいらっしゃる今のうちに宮家を作っておこうとの決定に重要な役割を果たしたのが新井白石《あらいはくせき》で、先見の明がありました。

閑院宮家の系図を見ると、この時代になぜ閑院宮家を作ったのかが見えてきます。

中御門天皇の直系が続けば、それで良し。そちらが続かなければ、閑院宮家の系統で繋《つな》げていく。閑院宮家もダメなら、伏見宮家に代表される三親王家でいく、と三段構えです。

この時代、幼児死亡率が異常に高いので、「その時点での直系」「より直系に近い閑院宮家」「遠い親戚である三親王家」の順に備えておこうとしていたのです。

皇位の男系継承は「側室抜きでできるのか」と鬼の首を取ったように言う人がいます。あえて

◆閑院宮家の系図

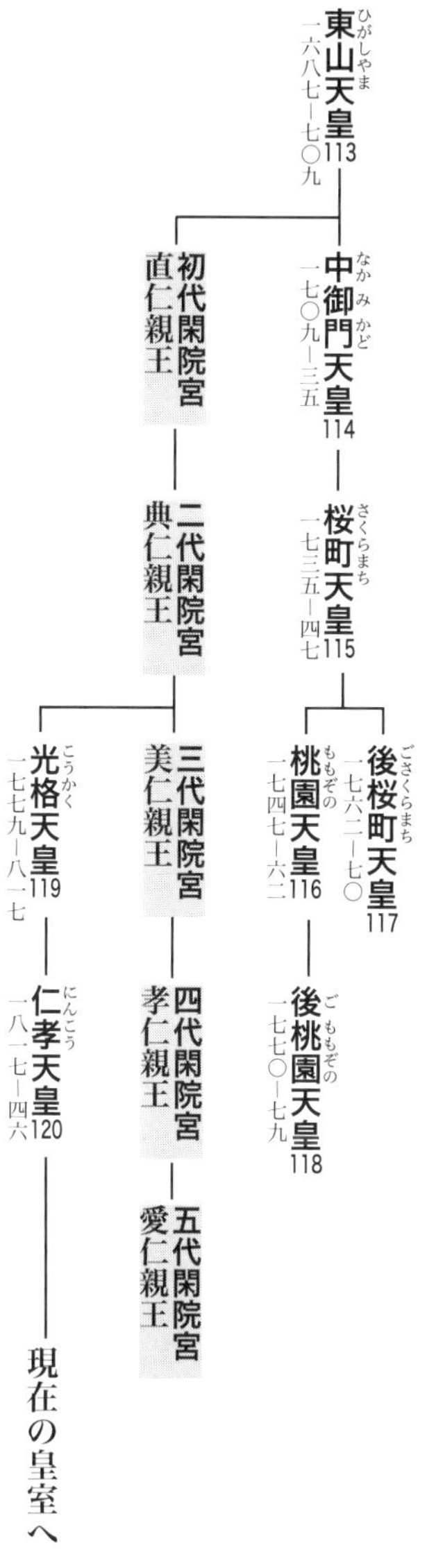

言いますが、「側室がいようがいまいが関係ない」です。何人側室がいようが子供が生まれない可能性もありますし、無事に育つとも限りません。逆に言えば、医学が発達した現代で、側室は不要とも言えます。大正天皇の貞明《ていめい》皇后は、一人で四人の男子を御産みになられました。側室云々《うんぬん》を持ち出すなら、「お妃探し」「お世継ぎづくり」について環境を整えるほうが、はるかに重要です。

もう一度本書冒頭の天皇系図を見てください。第百二代後花園《ごはなぞの》天皇から、父子継承が続いています。唯一例外は、正親町天皇の皇太子だった誠仁《さねひと》親王が践祚直前に急死、正親町の孫で誠仁の息子の後陽成天皇が継ぎました。後水尾天皇の次に兄（姉）弟継承が続きますが、正統《しょうとう》は、後水尾―霊元―東山と継がれ、その後は中御門―桜町―桃園と父子継承が続いています。

第百十五代桜町《さくらまち》天皇（在位一七三五～一七四七年）の三人の子供のうち、二人が無事成長して、一人が第百十六代桃園《ももぞの》天皇（在位一七四七～一七六二年）、そしてもう一人が最後の女帝で第百十七代後桜町《ごさくらまち》天皇（在位一七六二～一七七〇年）です。

桜町天皇は三十歳で亡くなり、桃園天皇が継ぎます。次の桃園天皇も二十一歳で亡くなるのですが、まだ赤ん坊の子供がいました。のちの第百十八代後桃園《ごももぞの》天皇（在位一七七〇～一七七九年）になる親王です。

桃園天皇が亡くなったときに、後桃園天皇はまだ赤ん坊ですから、後桃園天皇が成長するのを待つまでの中継ぎ、そしてその後は後見役になるのを前提にして、後桜町天皇（在位一七六二～一七七〇年）が継いだのです。第百九代明正天皇（在位一六二九～一六四三年）以来、一一九年ぶりの女帝の登場です。

その後、後桃園天皇に譲位するのですが、やはり二十一歳までしか生きられず、娘の欣子《きんし》（よしこ）内親王が一人いるだけで、男の子はいませんでした。

皇室の直系が絶え、閑院宮家から傍系継承しました。第百十九代光格《こうかく》天皇です。光格天皇の中宮に欣子内親王が嫁ぎました。皇室伝統の「女系で男系を補完する」です。しかし、光格天皇には十九人の子供がいたのですが、無事成長したのは男の子一人、のちの第百二十代仁孝《にんこう》天皇（在位一八一七〜一八四六年）だけです。欣子中宮が産んだ男の子は全員夭折しています。

その仁孝天皇の十五人の子供のうち、無事成長したのは三人。男子は第百二十一代孝明《こうめい》天皇（在位一八四六〜一八六六年）だけです。

孝明天皇は六人子供がいて、男子は明治天皇ただ一人。明治天皇は十四人の子供のうち、男子は五人いましたが、無事に育ったのは大正天皇のみ。そして、大正天皇は四人の男の子がいて、第百二十四代昭和天皇（在位一九二六〜一九八九年）と、三人の弟宮がいました。

桜町天皇が一七二〇年生まれで、大正天皇が一八七九年生まれ。お生まれになるまでだけを考えてもざっと二〇〇年近く、皇位は不安定継承なのです。

昭和天皇も女の子ばかりで、昭和八（一九三三）年に、今の上皇陛下がお生まれになったときは、お祭り騒ぎで「東京音頭」を踊ったわけですから。

二〇〇年連続で皇位の不安定継承をしていた中で、後桜町天皇が最後の女帝として立ったのですが、子供が少なくて夭折が多いので側室が必要だけど、側室の存在は絶対条件ではありません。

側室が何人いようが、子供が生まれなければ意味がないのは、昔も今も変わらないわけですか

◆乳児死亡率の推移

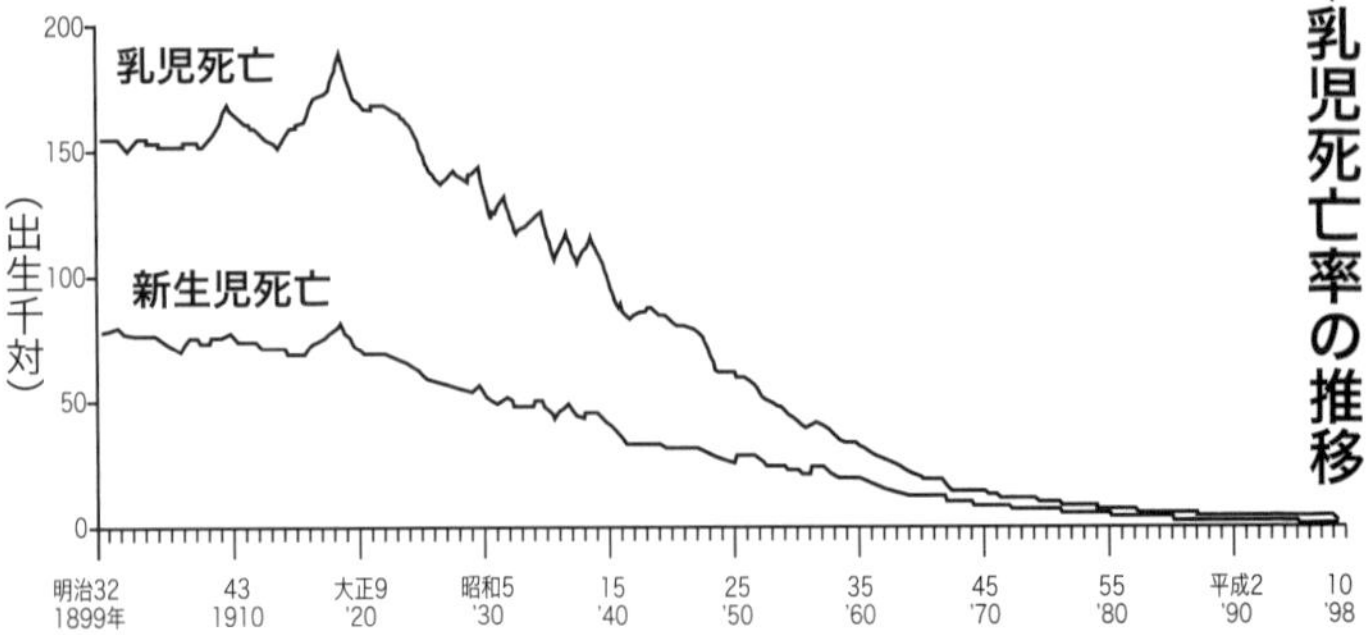

厚生労働省「人口動態総覧（率）100年の年次推移」（明治32年～平成10年）より

ら。昔と今の違いは乳幼児死亡率です。昔は今とは比べものにならないくらい高かったのです。

後桜町天皇がなぜ立ったのか、多くの人の思惑がありました。いきなり、赤ん坊の後桃園天皇を立てても良いのではないかとの意見もありました（藤田覚『天皇の歴史6 江戸時代の天皇』講談社学術文庫、二〇一八年、一六三頁）。また、明正天皇は吉例とは言えないですし。

結果論から言うと、ここで後桜町天皇を立てたのは、皇統保守のために非常に賢明だったと考えます。

後桜町天皇は後桃園天皇の後見になるのが前提でした。後桜町上皇が見事に後見役を果たします。後桃園天皇が早世したとき、次の天皇を伏見宮家と閑院宮家のどちらからとるかとなったとき、血の繋がりが近くて、年齢もよりふさわしい域に達している閑院宮家の光格天皇を選ぶ際に、後桜町上皇が重みのある発言をなさり、後桃園の娘の欣子内親王を光格天皇の中宮にして、女系で男系を補う古来の知恵をいかんなく発揮された、まことに英主であられたのが後桜町上皇です。

後桜町天皇の一生は、生涯独身で自分の幸せを捨てて皇室に尽くす人生でした。女帝にならなければ個人の幸せを追求して良かったのです。

光格天皇のときに、幕府松平定信《まつだいらさだのぶ》の圧政に苦しみ悲しんだ民衆が御所をひたすらぐるぐる回った「御所千度参り」はよく知られています。後桜町天皇のときも二カ月間ほど続いた御所千度参りがあり、そのとき、後桜町上皇はリンゴを一人一個ずつ、合計三万個が振る舞われたそうです（所京子「後桜町上皇年譜稿」『岐阜聖徳学園大学紀要、外国語学部編』四〇集、二〇〇一年二月二八日、九二～一一六頁）。

光格天皇の治世を見届けて、後桜町天皇は長寿を全うしました。

●皇女和宮――現代の先例となりうるか

話は幕末に飛んで、皇女和宮《かずのみや》です。

和宮は仁孝天皇の娘で、孝明天皇の妹です。この方は五歳で有栖川宮《ありすがわのみや》と婚約していました。

ところが、一八五九年、安政の大獄の真っ最中に、和宮を十四代将軍家茂《いえもち》に嫁にくれないかとの話があり、一年ぐらい揉《も》めています。

和宮には婚約者がいるから、代わりに孝明天皇の下の子がまだ赤ん坊だけど女の子なので、その子を嫁に出そうかとの話になりました。しかし、幕府としてはその赤ん坊が無事に育つかどうかわからないので、承諾できないわけです。そこでいろいろな条件闘争があり、和宮に御所の暮らしをそのまま江戸でもさせろといった五条件をつけたのです。本人がつけたのではないと思いますが。

孝明天皇は孝明天皇で、公武合体運動に乗った手前、幕府側が「攘夷《じょうい》をやりますから和宮さんを下さい」というので、「攘夷をやれ」と、和宮降嫁の五条件を加えました。仕方がなく、和宮が十五歳のときに内親王宣下して、そのまま将軍に嫁にやったのです。

和宮は結婚後も皇族のままです。結婚式では和宮のほうが格上です。公武合体派は朝廷の権威で幕府の権威を向上させようとしたところ、幕府が歴然と朝廷の下にある実態を天下に知らしめてしまいました。

菅《すが》内閣から岸田内閣にかけての有識者会議報告書では、女性皇族が皇族の身分を保持したまま、皇族ではない、パンピーの男と結婚した例として、皇女和宮を挙げて「和宮として歴史上も有名な親子《ちかこ》内親王（第百二十代仁孝天皇の皇女）は、徳川第十四代将軍家茂との婚姻後も皇族のままでありましたし、家茂が皇族となることもありませんでした」と記載しています（令和三年十二月二十二日「天皇の退位等に関する皇室典範特例法案に対する附帯決議」に関する有識者会議　報告)。

徳川将軍は准皇族なのです。十五代の将軍全員が内大臣以上なのです。このとき、家茂は内大臣で、和宮との結婚後に右大臣になっています。

禁中並公家中諸法度では、「摂関家三公」、つまり、摂関家と「三公」と呼ばれる太政大臣、左大臣、右大臣は皇族より宮中序列が上です。これは禁中並公家中諸法度で確認されただけであり、平安以来の確立された先例なのであって、要するに「掟」です。

政府の意見書は、この先例に倣っており、妥当と考えられます。もっとも現実に、皇女様のご結婚相手にふさわしい方となると、どのような方になるだろうという別の問題もありますが。

現代の問題と関係するところで言えば、孝明天皇は当主空席の桂宮《かつらのみや》家に淑子《すみこ》内親王を立てました。女性宮家の先例です。女性当主が立つのは、皇族数が減少しているからです。幼児死亡率も高いし、夭折の天皇・皇族も多いのは見てきた通り。

強硬な保守派の中には、「女性が宮家の当主になっただけで、女性宮家の先例ではない」と主張する人もいます。しかし、杓子定規《しゃくしじょうぎ》に当てはまらなければ先例にできないとするのは、皇室の流儀ではありません。「准じる」の範囲であれば、先例にして構いません。

もっとも、「女性宮家」の定義も謎です。

たとえば、男性皇族と民間人の女性が結婚、男性の宮様が亡くなった後、未亡人が当主の地位を預かったとして、それを女性宮家と呼んで差し支えありません。次に、男性皇族と民間人の女性の間に生まれた女性皇族（男系女子）が宮家を継承した場合、女性宮家で構いません。ここで二代続けて、宮家の当主を女性が務めても、問題ありません。問題は、二代目の女性当主の配偶者とその子です。配偶者が民間人の男の場合、女性と違い皇族になれません。二代目女性当主と民間人の男性の間に生まれた子供が男子であろうが女子であろうが、その子は「女系」であり、その子が宮家の当主になればもはや「女性宮家」ではなく「女系宮家」になります。その後、「男でも女でも継いでいけばいい」となったら「雑系宮家」です。ここで線引きは、「民間人の女性は皇族になれるけれども、民間人の男性はなれない」です。「女性宮家」と言った場合、本当に女性宮家で留まれば桂宮淑子内親王の先例があるので構わないのですが（吉例とは言えませんが）、「女系」「雑系」にならないよう、どう線引きするかは肝要です。

現代、次世代の男性皇族は悠仁殿下お一人しかいません。

二〇〇〇年の「皇位の不安定継承」を乗り越えてきた江戸の知恵に学ぶべきでしょう。

第七章　近現代の女性たち

◆孝明天皇・明治天皇・大正天皇の系図

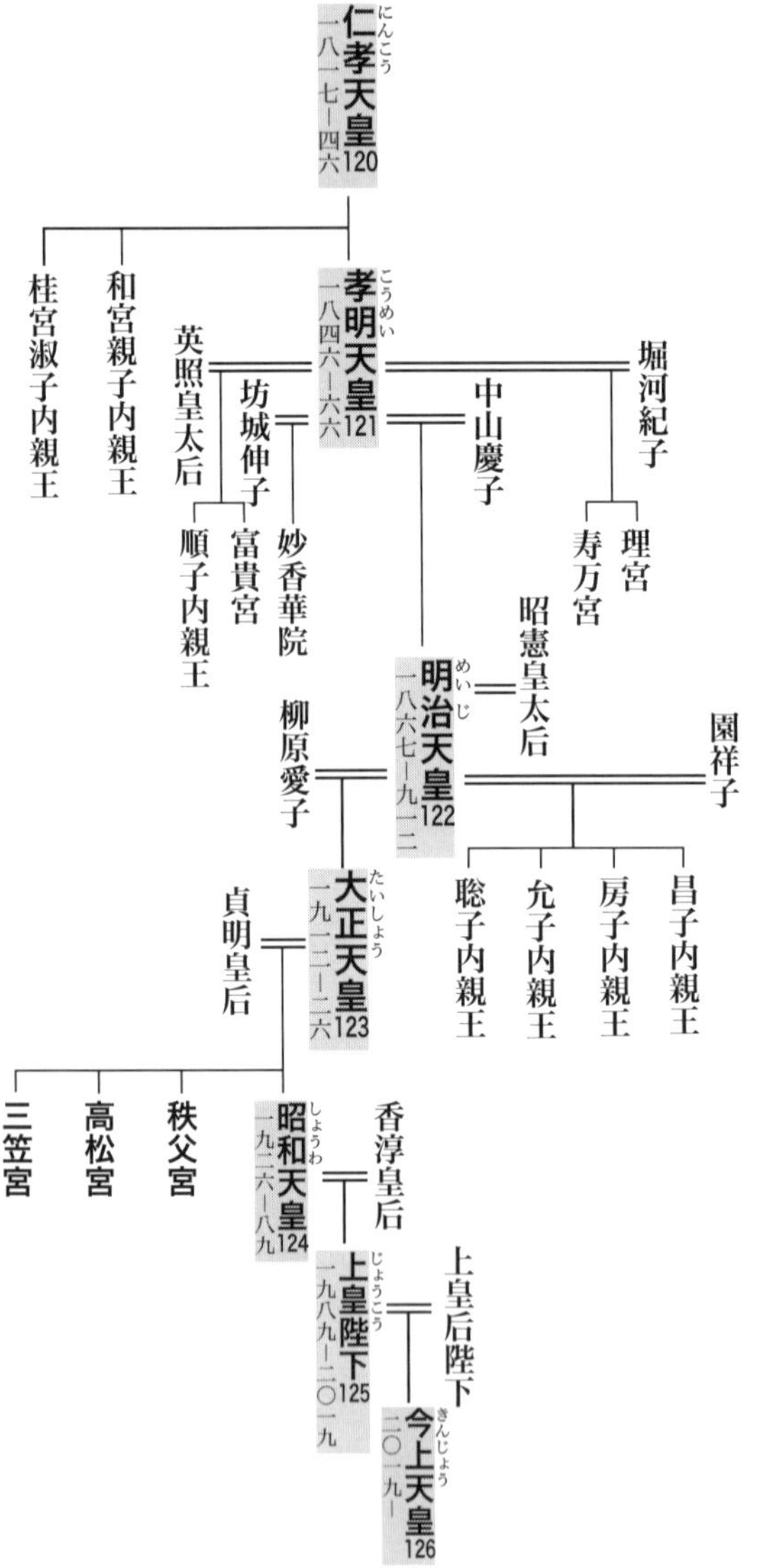

●明治政府がやったのは新儀なのか

慶応三（旧暦一八六七）年十二月九日。この日に王政復古の大号令が発せられ、明治維新の起点となります。このとき、将軍・摂政・関白を廃止しています。つまり、中世の否定です。この場合の中世とは平安以降を指します。

十五代将軍徳川慶喜《よしのぶ》は薩長《さっちょう》の敵です。慶喜の盟友で、明治天皇の摂政になっていた二条斉敬《なりゆき》（孝明天皇の時代は関白）も政敵です。孝明天皇の下で慶喜、二条に加えて中川宮の三人が国事を牛耳《ぎゅうじ》り、常に討幕派の壁として立ちはだかっていました。だから王政復古のクーデターで、一気にひっくり返しにかかります。摂政・関白・将軍だけでなく、内覧・国事御用掛・議奏・武家伝奏・守護職・所司代と、江戸幕府の役職のみならず中世以来の伝統的な役職も片っ端から廃止していきました。「古代の本来のありかたに戻る」が、大義名分です。

最終的に討幕に成功した薩長による明治政府は、王政復古の大号令で「神武創業の精神」を掲げました。近代化には先例にとらわれていられないのですが、しかし皇室は先例の世界。「先例などどうでもいい」と言ってしまっては「じゃあ、なぜ皇室が必要なのか」に行き着きます。建《けん》武《む》の中興では、後醍醐《ごだいご》天皇が「朕が新儀は未来の先例たるべし」と言ってしまい、公家からも見捨てられました。

先例にとらわれるわけにはいかないけれども、先例を無視するわけにはいかないから捻《ひね》り出した苦し紛れが「神武創業の精神に戻る」でした。上手《うま》い言い訳であるがゆえに、上手すぎるので何でもできてしまいます。ここに、やむを得ないとはいえ、明治近代化の矛盾があります。

現実政治の文脈に「神武創業の精神」を翻訳すると、公家に対して「邪魔するなよ」となります。例えば改元です。

幕末、孝明天皇の在位中に、六回の改元を行っています。事あるごとに気分転換で改元が行われ、深刻な政争になったこともありました。近代化で忙しいときに、そんなことをしていられません。だから明治への改元はくじを引いて決めましたし、このときに今に至る一世一元の制が定められました。単なる間に合わせと言って悪ければ、当時の現実政治の要請です。

先例ばかり持ち出されても困るけど、先例を無視するわけにはいかない。この矛盾と対峙《たいじ》すべく、明治政府は約二十年かけて先例を整理しました。大急ぎです。なぜなら平安時代は光仁《こうにん》天皇から一五〇年かけてゆっくり整理したので無理は出ず、四百年の安定がもたらされましたが、明治のこのときはかなり乱暴なやり方なので齟齬《そご》が出ています。

この難題に取り組んだ大英才が、井上毅《こわし》です。井上は大日本帝国憲法と皇室典範の起草者で、「典憲体制」を構想した偉大な学者かつ政治家です。ただ、いくら井上が偉大でも、完全無欠ではありません。その事績は、顕彰かつ検証が必要です。

伊藤博文の名前で「憲法義解《ぎげ》」と「典範義解」が書かれていますが、そこには（伊藤とともに典憲体制を構想した）井上の思想が表れています。あまり言われていない特徴をあげると、大化の改新を称揚しつつ、嵯峨《さが》天皇以降の歴史を否定しているのです。たとえば、憲法第三十条の請願権の解説で、孝徳天皇のときから「諫言《かんげん》憂訴の道を開」いていたけど、嵯峨天皇から「廃れた」とぶった切りです。一時が万事、こんな調子です。

ただ、井上は平安以降の中世を否定すると言いながら、平安以降の歴史書や有職故実《ゆうそくこじつ》書も、これでもかと参考にして『帝国憲法』と『皇室典範』を作っているのです。井上が特に参考にした日本の古典の書名としてあげられているのは、「古事記、日本書紀、續日本紀以下の六國史、令義解（特に職員令、神祇令、儀制令、公式令）、古語拾遺、萬葉集、類聚國史、延喜式をはじめとして貞観儀式、江家次第、姓氏録、和名抄、玉海、禁秘抄、神皇正統記、職原鈔等々。下って徳川時代のものとしては、大日本史、日本政記、本朝皇胤紹運録、古事記傳、職官志、弘道館記述義、新論等々」です（明治神宮編『大日本帝国憲法制定史』サンケイ新聞社、一九八〇年、五〇二頁）。つまり、徹底的に先例を調べ尽くしているのです。

明治政府が「王政復古」を建前としている以上、中世以前の古代に戻るべしとの理想を掲げつつ、中世以降に現実に存在した先例を踏まえているのです。

たとえば摂政です。まさに王政復古の大号令で真っ先に廃止しました。しかし、帝国憲法と皇室典範で復活させています。その中身は、平安以降の人臣摂政は廃止しましたが、それ以前の皇親摂政は復活しています。

ただ、明治の典憲で復活した皇親摂政の皇親は、古代の皇親ではなく、中世以降の皇族になっているのです。

明治以降における摂政の有資格者は、近代の用語の「皇族」です。男性皇族の場合は、古代の「皇親」と同じ意味です。天皇・皇族の子供です（男系男子）。また、内親王と女王も古代の「皇親」と同じです。同じく、天皇・皇族の子供です（男系女子）。しかし近代の成文法における「皇族」には、皇后・皇太后・太皇太后の三后も含まれます。典憲が制定された当時の皇后は、一条美子《はるこ》。皇女（皇親たる女性皇族）ではありません。三后を皇族（皇親たる女性皇族ではない）に加えるのは、中世以来の運用です。井上は、中世以来の運用でも、整理した上で必要と考えた制度は、残しているのです。

さて、井上毅が「民間人の女性を皇族になれるようにした」のでしょうか。ましてや、「民間人の女性が皇族になれるようになったのは近代以降の新しい伝統にすぎない」「女も結婚によって皇族になれるのだから、男だってなれる」なんて、軽く言って良いのでしょうか。

奈良時代の光明皇后のときに定着したとは言い難いですが（それでも、それ以前に聖武天皇の母の藤原宮子《きゅうし》などの先例はある）、平安初期の橘嘉智子《たちばなのかちこ》以来の千年以上の伝統を重ねて「民間人でも女性は皇族になれる」との運用がされてきたので、明治の典範のようになったと考えるのが、自然ではないのか。いきなり井上毅がそれまでの神話以来の伝統をぶち壊して、「結婚したら民間人の女でも皇族になれるようにしよう」などと新儀をやらかしたのなら、何の反発も無いほうがおかしいので。

井上ら明治政府がやったのは、先例の整理であって、新儀ではない。この事実認識が無いと、現代の皇位継承問題の議論も、無限大にズレていきます。私のように「一時の結論で軽く新儀をやられては困る」と考える者と、「一時の結論で新儀でも何でもやっても良い」と考える者との間で。

●明治天皇のときから側室を廃止した

明治天皇も子供がいなくて、それで側室制度を残しています。

森暢平《もりようへい》氏は元毎日新聞の皇室担当記者で、今は大学教授です。この人は女系容認派ですが、研究は優れています。読みやすい著書として『天皇家の恋愛　明治天皇から眞子内親王まで』（中公新書、二〇二二年）を紹介しておきますが、明治天皇以降の側室の実態を明らかにしています。

結論だけまとめると、「明治天皇には側室がいた。でも、途中から側室をやめた。大正天皇は側室を持たなかった。側室を正式に廃止したのは昭和天皇である」です。

説得力がある議論で、この事実関係は首肯します。

明治天皇には側室がいて、側室がいなくなると補充していました。そして、途中で側室をおくのをやめたのです。明治になって西洋と付き合うときに、側室制度は野蛮だとの理由で条約改正をしてもらえない可能性があるので、疑われるようなことはやめようとしたからです。文明開化をしなければならない国家要請がありました。

既に見たように、江戸時代は側室がいても「皇位の不安定継承」の時代でした。そこで、伏見宮系の重要性が高まります。

特に第二十代及び第二十三代当主の邦家親王は十七男十五女に恵まれ、子や孫が次々と宮家を設立、十一宮家が成立します。当時の日本人は、伏見宮家が当時の皇室から血が遠いことは特に意識していなかったようです。

ただ、皇位継承の順位は考えられていました。

当然、明治天皇に男の子が生まれたら、その子が最優先。明治天皇には兄弟がいませんから、もし子供が生まれなかったら、伏見宮系の十一宮家で皇位継承順位をつけていました。

そして明治天皇は娘を全員、伏見宮系の皇族に嫁がせました。ここでも「女系は男系を補完する」です。

仮に明治天皇の直系に何かあれば、伏見宮系の皇族が傍系継承する。その場合、女系で明治天皇までの系統の血は受け継がれる。古代より行われてきた知恵です。

●貞明皇后――側室無しで皇位の不安定継承を解消

明治の皇室典範には不備がありました。第十九条で摂政をおく規定が定められています。

皇室典範

第十九條　天皇未タ成年ニ達セサルトキハ攝政ヲ置ク
天皇久キニ亘ルノ故障ニ由リ大政ヲ親ラスルコト能ハサルトキハ皇族會議及樞密顧問ノ議ヲ經テ攝政ヲ置ク

とあります。「久キニ亘ルノ故障ニ由リ」といった条件が書かれているので、これではもう天皇をやれないと長い月日をかけて、皆に明らかにならないと摂政をおけなかったのです。

のちの昭和天皇、当時は裕仁《ひろひと》皇太子が摂政になるのですが、それまでのあいだ、大正天皇の奥さんの貞明《ていめい》皇后は息子の裕仁を摂政にしようとする勢力から、夫を守らなければいけないと、宮中と政府のあいだに大騒動が起きていたのです。

貞明皇后の主観に立つと、いちいち陰険な山県有朋《やまがたありとも》らが、夫を〝主君押し込め〟する気なのではないかと、夫を守りたくてムキになりたくなるのはわかります。そのあたりの詳しいようすは、川瀬弘至『孤高の国母　貞明皇后』（産経ＮＦ文庫、二〇二〇年）に書かれています。息子の成長を望めない母親の悲しみを描いた名著です。

反対に当時の政府からすれば、貞明皇后は邪魔者にすぎないわけです。

その余波で神功皇后が歴代天皇から正式にはずされました。神功皇后は天皇だったのかなんだかよくわからないと、正式に天皇ではなかったことにされたのです。

家庭人として見たとき、家庭を顧みない明治天皇と比べると、大正天皇はとても良いお父さんだったようです。

大正時代は十五年。大正天皇は病弱で在位期間が十五年でした。元号、在位の両方で、史上最も長い昭和と、二番目に長い明治に挟まれた大正は影が薄いのは否めませんが、大正天皇は二〇〇年にわたる皇位の不安定継承を解消させた天皇であり、それも側室なしにやっているのです。

大正天皇と貞明皇后は極めて仲が良く、四人の男子に恵まれました。

大正天皇は体が不自由で、ほかの仕事は全うできなかったかもしれないけれども、天皇にとって最も重要な仕事である、皇位の安定継承をやっているのですから、それは評価して良いのではないでしょうか。

繰り返しになりますが、「側室抜きで男系継承はありえない」と言うならば、大正天皇の御事績を見直すべきで、円満な家庭生活とお世継ぎづくりに適した環境こそが肝要でしょう。ちなみに四人の子供は、大正天皇の病気が本格化する前に生まれています。

大正期の宮廷は次々と騒動に襲われます。裕仁親王の摂政就任問題の他に、欧州訪問と御成婚も問題視されます。

広く見聞を深め、外国の要人と親しくするのは君主として必要ですが、外国かぶれを恐れる右翼勢力は問題視し、政治問題化します。歴代天皇の多くは御所から出ないのが普通でしたが、古くは朝鮮に渡った神功皇后の例もあります。明治期には皇族の留学が歓迎されましたし、軍人となった皇族は外国に行くのが当たり前です。台湾で戦病死した北白川宮能久《きたしらかわのみやよしひさ》親王の例もあります。裕仁親王の場合は、警護を十分にして欧州訪問を無事に全うしました。

御成婚では、一度婚約した久邇宮良子《くにのみやながこ》女王（後の香淳《こうじゅん》皇后）の家系に色覚障害の遺伝があるとの疑惑が起こり、婚約解消騒動が政治問題化し、婚約解消を主張した筆頭元老の山県有朋は謹慎に追い込まれます（宮中某重大事件）。最終的には医学的に問題が無いとして、大正十三（一九二四）年にようやく御成婚となりました。

昭和天皇はそうした大騒動をくぐりながらも無事結婚。しかし、なかなか男の子が生まれません。そこで、昭和天皇のすぐ下の弟である秩父宮《ちちぶのみや》を一旦、皇嗣として立てました。ただし、それでもこの先、まだ男の子が生まれるかもしれないと、このとき秩父宮に「壺切御剣《つぼきりのみつるぎ》」を与えていないのです。宇多天皇が敦仁親王（醍醐天皇）に与えて以来、壺切御剣を持っていることが、皇太子の証です。天皇の証が三種の神器であるように、皇太子の証は壺切御剣なのです。

昭和八（一九三三）年、皇太子御誕生に、国中が沸きかえります。このときの皇太子とは今の上皇陛下です。この瞬間、秩父宮は皇嗣ではなくなりました。

昭和天皇と香淳皇后は、他に常陸宮《ひたちのみや》と五人の皇女に恵まれました。

●占領軍が十一宮家を追い出したのか？

日米戦争は総力戦でした。総力戦とは、相手の総力を破壊しにいく戦争のことです。だから占領とは総力戦の本番に他ならないのです。占領軍、国際法も何もなく、やりたい放題やってくれました。

ただ、なんでもかんでも占領軍のせいにしてよいかは、別問題です。ここで問題になるのが、十一宮家五十一人の臣籍降下です。

室町時代に、後花園天皇から「永世御所」の勅命を賜り、近世に永代親王家として時に天皇の候補を出しながら、明治の典憲体制でその地位を確認され、昭和の日本国憲法でも皇族として残っていたのが、伏見宮系の十一宮家です。

時に、「占領軍は皇室を一気に滅ぼせないとみて、周辺を削り〝ゆでガエル症候群〟にするように皇室の藩屏《はんぺい》たる十一宮家を臣籍降下させたので、今の皇室には皇子が極端に少なくなっている、まさに〝百年殺し〟だ」と主張する人がいます。結果的にそうなったとして、本当に占領軍にそんな意図があったかどうかは、疑問です。

なぜなら、占領軍は極端にせっかちな連中だからです。良くも悪くも悪くも、占領軍は多くの仕事をし、日本の社会そのものを変えるような政策を次々と実行しました。良く言えば「仕事が早い」ですが、はっきり言えば雑です。変えて問題があれば、またすぐ変えるの繰り返しです。たとえば農地改革が一回目で上手くいかなければ、すぐに二回目の農地改革をするように。そんな占領軍が、百年かけて皇室を滅ぼすなんて悠長なことを企《たくら》むとは、あいつらの習性からは考えにくいのです。

ただ、「皇室の民主化」にはこだわりました。今の憲法第八条と第八十八条で、国会によるコントロールを規定しています。戦前の皇室は莫大《ばくだい》な財産を持っていましたから、これを巻き上げることで皇室の力を弱めようとしました。

結果、宮家を維持できなくなります。たとえば今のホテルニューオータニの巨大な敷地は、昔の伏見宮邸です。財産が無ければ維持できません。そして自然と、十一宮家の臣籍降下の流れに至るのです。形式的には、十一宮家から願い出たことになっていますが、事実上は仕方なくです。

十一宮家のその後は、さまざまです。

東久邇宮《ひがしくにのみや》家のある方のように「自由を得た」と喜び勇む、あるいはブラジル人になってしまう人もいました。そんな方が、皇室に戻ってこいといつ言われても良いように準備しているとは思えません。

しかし、そんな方ばかりではないのです。菊栄親睦会《きくえいしんぼくかい》という名称の、皇族方と旧宮家の人たちの親睦会があり、旧皇族の中には非常に強く、自覚を持って生きていらっしゃる方々もいるのは事実です。

現在九十一歳の伏見宮家当主の伏見博明さんは戦前世代で「何かあった時は真っ先に皇室をお守りしなければいけないという、それなりの教育を受けてきました。それは先ほどの菊栄親睦会のメンバー――だいたいが宮家の親戚ばかりですが――は同じだと思います」とおっしゃり、さらに「天皇陛下に復帰しろと言われ、国から復帰してくれと言われれば、これはもう従わなきゃいけないという気持ちはあります」とその著作の中ではっきりと書いているわけです（伏見博明『旧皇族の宗家・伏見宮家に生まれて―伏見博明オーラルヒストリー』中央公論新社、二〇二二年、一七五～一七七頁）。

●小泉内閣の粗雑な議論

平成八（一九九六）年一月に発足した橋本内閣あたりから、政府では女系天皇容認の研究をしていたらしいです。平成十三（二〇〇一）年四月に発足した小泉内閣で、それが浮上します。

同年五月十五日、雅子皇太子妃殿下（現皇后陛下）のご懐妊が正式発表されます。

これを受けて、六月八日の衆議院内閣委員会で、福田康夫《ふくだやすお》官房長官が「女系天皇容認が政府の解釈だ」と答弁し、事実上の解釈改憲が行われました。これより前には、平成四年四月七日参議院内閣委員会での加藤紘一《かとうこういち》官房長官答弁が「男系男子の継承ということで憲法は許している」と明言していますが、福田長官は加藤長官との答弁の違いを訊かれ、「皇位継承者を男系の男子に限ることが憲法上の要請である旨を加藤官房長官がお答えしたものではない」と強引に曲解しています。

要するに、生まれてきた子が女の子の場合、その子が天皇になれなくて良いのかとの切迫感からの発言です。

日本国憲法制定の段階から、「女帝を認めなくて良いのか」との議論はありました。結論から言うと、女帝はやっていいのです。ただ、女帝が生涯独身というわけにはいかないし、結婚する相手はどこにいるのかが問題です。結婚する皇族がいないのが問題なのです。

仮に女性天皇を認め、配偶者が一般国民でもその子供は天皇になれる女系天皇を容認する。その際、どんな人が配偶者になるのか。女系派でも冷静な人は、「女性天皇のお相手は旧皇族の方くらいしか見当たらないのではないか」と述べていました。

ただ、どうしてもパンピーの男を女帝と結婚させ、皇族にして、その二人の子供を天皇にしたい人は、いかなる理屈をつけてでも女性皇族と旧皇族の男子の結婚に反対するのですが、本人たちが望むなら何を反対する理由があるのか？

小泉内閣で有識者会議が招集され、女系天皇容認を打ち出しました。座長は吉川弘之元東京大学総長、ロボットの専門家です。はっきり言えば、ド素人。「ロボットを設計するように皇室を作り変えられては困る」との批判は、当時からありました。その報告書は「女性天皇も女系天皇も容認」を打ち出していろいろと理屈を並べているのですが、大きな穴があります。「皇室典範に関する有識者会議報告書　平成17年11月24日」では「皇位継承資格を女子に拡大した場合、皇族女子は、婚姻後も皇室にとどまり、その配偶者も皇族の身分を有することとする必要がある。女性天皇や皇族女子が配偶者を皇室に迎えることについては、性別による固有の難しさがあるとは必ずしも考えないが、初めてのことであるがゆえに、配偶者の役割や活動への配慮などを含め、適切な環境が整えられる必要がある」と言い切っているだけで、何の根拠も示していません。なぜ一般人の男子が皇族になれるのか。そこが最も重要な争点だろうに、本当にこれしか言っていない。だから粗雑だと断言するより他ありません。

一般人の男子が皇族になるのは我が国の歴史で未曽有《みぞう》の事態であり、その子が天皇になったら簒奪《さんだつ》です。そもそも、一般人の男子が皇族になる時点で国体の毀損《きそん》です。

小泉内閣は、強引に話を進めていきました。

百家争鳴の中、平成十八（二〇〇六）年二月に、紀子妃殿下のご懐妊が発表され、九月六日、悠仁殿下をお産みになられました。

紀子殿下は、悠仁殿下が生まれるちょうど一年前の平成十七（二〇〇五）年九月二十四日に、兵庫県豊岡市で行われたコウノトリの放鳥式典に秋篠宮殿下とともに出席され、そのときのことを「飛びたちて大空にまふこふのとり仰ぎてをれば笑み栄えくる」と、平成十八年の歌会始で詠まれていました。

コウノトリの歌とともに高齢出産を決心なさってくださったので、国体は護持されました。

小泉元首相も、「男の子がいる時にする議論ではない」と自分の内閣の議論を否定しています（小泉氏、女性天皇「議論しない方がいい」福島原発地下水制御は「ウソです」二〇一六年九月七日付、J-cast ニュース）。

菅義偉《すがよしひで》内閣で始まり岸田文雄内閣で提出された有識者会議の報告書は、小泉内閣の議論を全否定しました。いまだに「小泉内閣の議論は立派だった」と言い張って固執する人がいるのですが、ではあの報告書のどこに「パンピーの男が皇族になっていい根拠」を書いているのか。どこにもありません。

日本の歴史に一度も無いことをするのに、何の根拠も示していない政府報告書など、何の議論にも値しません。

終章　令和、そして未来へ

◆現代皇室の系図

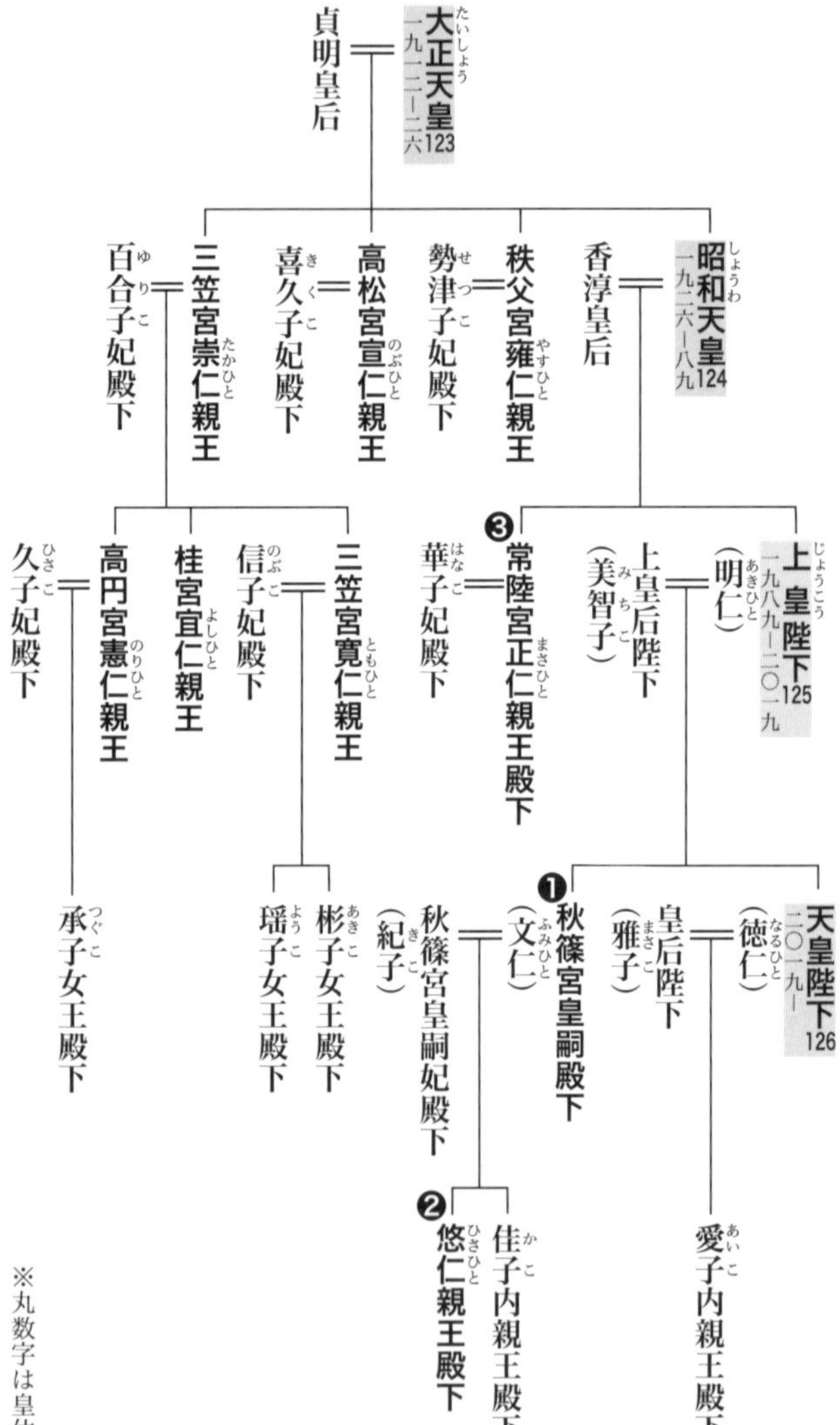

※丸数字は皇位継承順位

現在、皇位継承問題について、政治はどう動いているか。

令和三（二〇二一）年三月十六日、菅義偉内閣総理大臣のもと、「天皇の退位等に関する皇室典範特例法案に対する附帯決議」に関する有識者会議の開催が決定し、三月二十三日に第一回が開かれ、その年の年末までに十三回開催されました。

翌年、令和四（二〇二二）年一月十二日、岸田文雄内閣総理大臣が、衆参両議院でそれぞれに議決した「天皇の退位等に関する皇室典範特例法案に対する附帯決議」に基づく政府における検討結果を報告します。

一月十八日、それを受けて、政府の検討結果が、衆参正副議長、各政党・各会派代表者への報告が行われました。

報告を受けてから約二年間、目立った動きはなく、令和六（二〇二四）年五月、ようやく検討結果の報告を受けた立法府の対応に関する全体会議が二回開かれましたが収拾がつかず、これでは議論にならないと、衆参両院正副議長四人による全政党・会派からの個別ヒアリングに切り換えられたのです。

令和六（二〇二四）年九月、額賀衆議院議長がとりまとめて、一旦中間報告を岸田総理にしたのですが、岸田総理が突然、自民党総裁選への不出馬を決めて辞めてしまい、その後、石破内閣が発足したものの、止まったままの状態が続いています。

報告書で示された政府案は以下の三点です。

①内親王・女王が婚姻後も皇族の身分を保持することとすること
②皇族には認められていない養子縁組を可能とし、皇統に属する男系の男子を皇族とすること
③皇統に属する男系の男子を法律により直接皇族とすること

今は衆参両院の正副議長が、この三点に対して全政党会派に意見を聞いている段階です。自民・公明は与党なので当然として、維新、それにくっついていた教育無償化を実現する会、国民民主党、有志の会、NHKから国民を守る党、それに参政党は賛成です。総選挙後には、教育無償化の会は消滅。日本保守党は①に賛成せず②③には賛成です。れいわ新選組の大石あきこ議員は、ヒアリングの際、額賀議長の質問にも答えず、自説を滔々《とうとう》とまくし立てるだけでした。最初は既に出したペーパーで言いつくしているのでという態度だったのですが、額賀議長から「三十分ありますから」と促されると、「能登半島地震の復興のほうが重要だ」とまくしたてる有様（令和六年七月十七日　天皇の退位等に関する皇室典範特例法案に対する附帯決議に基づく政府における検討結果の報告を受けた立法府の対応に関する各政党・各会派からの意見聴取（れいわ新選組）議事録 https://www.sangiin.go.jp/japanese/ugoki/kouikeisyou/pdf/240717reiwas.

pdf。以下、他の党の議事録も参議院のホームページに掲載)。

共産党は「アマテラス」を否定するところから始まり、「万機公論に決すべし」でメる。社民党の福島瑞穂党首は「昔マンガで読んだんですけど、推古天皇っていたじゃないですか。なんで女性天皇はダメなんですか」と言い出す……。

この調子で、れいわ・共産・社民・沖縄の風が反対。

立憲民主党は謎の両論併記で、党の文書とヒアリングに出た野田佳彦氏が言っている内容がまったく違うといったような状況です。野田佳彦氏の不遜《ふそん》な態度は序章に書いた通りです。

額賀衆議院議長のとりまとめでは、悠仁殿下までは皇位継承順位を変えない点では合意できました。そこに明確に反対しているのは、共産党と社民党だけです（後から、れいわが文書で回答)。

そして、女性皇族が結婚後も皇室に残る案については、全政党が賛成しています。ただし議事録を見ると「先例に従う限り」と条件を付けているのが大半なのです。「先例」の重要性は、本書で縷々《るる》述べました。

序章でも書いたように、立憲民主党代表の野田佳彦氏は配偶者が国民のままだったら不都合が生じるとの理屈を延々と訴えています。しかし、そんなのは皇族にするわけにはいきません。「先例にないことをやるな」の一言で終了です。

ただ、何とかにも三分の理。女性皇族の配偶者が国民のままだと不都合があるとの主張、全否定する理屈もありません。少なくとも、与党は野田氏を説得できていませんし、説得する論理を聞いたことがありません。

両者激突です。

そこで、不肖倉山満が与野党要路者に説いて回ったのが、「准皇族」です。これは一応は公開情報で、月刊誌『選択』(二〇二四年七月号)が、「皇族数確保の議論で浮上した『准皇族』が物議を呼んでいる」とし、「維新などが主張した背景には憲政史家の倉山満氏のアドバイスがあったとみられる」と、明かしています。

准皇族とは、准三后《じゅさんごう》の先例に倣った制度です。皇后・皇太后・太皇太后の三后に准じるから准三后。准三宮とも准后とも言われます。実質的には皇族ですが、皇族の形式はない。その一点で、唯一の実質、皇位継承権が無い。これが准皇族です。一般人の男子を絶対に皇族にさせない制度です。

本音では女系天皇をやりたい一派が反対するのはわかるのですが、一部の保守派が反対しているのは解せません。ぜひ私を納得させられるだけの根拠を示していただきたい。

岸田総理が退陣する前に公明党から提案がありました。「与野党合意ができている、悠仁様までの皇位継承をゆるがせにしないということと、女性宮を結婚後も皇室に残らせるということの二つだけを与野党で決めてしまって、皇室典範を改正し、配偶者が皇族か国民かについては、そのあとで議論すれば良いのではないか」と言い出したのです。これは、自民党がだらだらとだらしないので、公明党が助け舟を出してくれた形です。

しかし、それをやってしまうと、都合の良いように食い逃げされる可能性があります。内親王・女王が婚姻後も皇族の身分を保持するにしても、先例に従うのと無視するのでは、天地の差です。仮に「先例に従って議論する」の条件をつけずに話を始めて、女性皇族の配偶者も子供も皇族になっていい」などと、日本の歴史にないことをされたら、誰が責任をとれるのか。

立憲民主党の馬淵澄夫《まぶちすみお》議員がホームページの「週間《〔ママ〕》まぶちＮＥＷＳ」で、女性宮の配偶者が一般国民のまま政治活動の自由などの権利や財産関係に問題が生じかねない、といった論調で書いています。そんな輩《やから》だったら大変だから皇族にして縛り付けなければいけない、問題人物だから皇族にしろと言っているわけです。しかし、そんな輩なら最初から皇族にしてはなりません。法律の問題ではなく、常識の問題です。皇族の結婚は皇族会議で認められなければならず、よしんば、馬淵議員の言う前提が成立するのであれば、皇族会議が機能していないことになります。

なんでもかんでも法律で縛り付けようとするから、こうなる。皇室は成文法よりも、はるかに不文法を重視してきた世界です。先例——掟《おきて》でもある——を無視して、一般国民を対象とする通常の法律の発想でしかモノを考えないからこうなる。

本書では、一般国民の男性を皇族にすること自体が日本の歴史に存在しないのだと、何回も繰り返し言ってきました。ここで大事な点は、私が「准皇族」を提言したのは、「何が何でも准皇族をやれ」ではないのです。皇族数を確保するための方策には四つの分岐があり、最後の四番目になったときには、仕方がないから「准皇族」ですよ、という話なのです。

女性宮家を創設するにせよ、しないにせよ、女性皇族が皇室に残るとなった場合の四つの分岐です。

第一の想定は、女性皇族の相手の方が皇族であった場合。旧皇族の男系男子の男子孫の方が皇籍取得されれば皇族です。この場合は、皇族と皇族の結婚ですから、何も考えなくて良いのです。

第二の想定です。皇族と国民の結婚で何か不都合が生じるかといった場合、これは与党案なのですが、皇族と国民が一つの家庭にいても、何も不都合が生じないと考える、というものです。これは、政府与党が立憲民主党というより、野田佳彦代表一人を説得できるのであれば、お手並み拝見です。この案で自民党と立憲民主党が合意できていたのであれば、最初からこんな問題になっていないわけですから。

第三の想定は、現行通りです。女性宮の方が、どうしてもこのパンピー男性と結婚したいとなった場合は、円満に皇室から出て、国民になっていただくしかありません。

第四の想定です。問題は政府案の①を通した上で、結婚後に皇室に残るとなったとき、具体的には愛子内親王と佳子内親王の場合です。生まれたときは、政府のこのような協議はなかったわけですから、いきなり、結婚後も皇室に残れと言われても嫌だと言われれば、皇族であっても人生がありますから、その場合は強制する方法はないわけです。

どうしても一般国民の人と結婚したいとおっしゃる。でも皇室に残ってもらわないと困ります。女性宮家かどうかは別にして、こういうときの解決策が准皇族なのです。

四つの分岐のうちの四番目になったときには、准皇族という知恵がありますよと言っているだけであるのを強調しておきます。

皇位継承問題、すっかり止まってしまっていますが、政界要路者でもわかっている人はわかっています。あとは、仮に女性皇族が皇室に残る場合にどうするか。

四つの想定を用意しておいて、皇族の方々と皇室会議が決められるようにしておけばよいのではないでしょうか。

今年（二〇二五年）で、愛子殿下は二十四歳。佳子殿下は三十一歳です。皇族の方々も生身の人間。人生がかかっている話で、先送りはできません。

政治の決断を望みます。

おわりに

神武天皇の伝説以来、我が国は公称二六八五年も、皇位の男系継承を続けてきた。世界最長不倒である。神話においても、イザナギの時代から皇統は男系によって紡《つむ》がれてきた。この歴史を続けるのか、やめるのか。そもそも、今を生きているに過ぎない我々の多数決だけで、今まで続けてきたことを変えて良いのか。

現在、神武天皇からの一系を継ぐ次世代の皇族は、悠仁《ひさひと》殿下ただ一人である。悠仁殿下は、殺人未遂にも交通事故にも遭われている。もし何かあればと考えると、非常に心もとない。日本の歴史は、たった一本の糸でつながっているにすぎないのだ。

そもそも、お妃探《きさき》し、お世継ぎづくりが順調にいくだろうか。少なくとも、ハイエナのようなマスコミやSNS雀どもはバッシングする気満々だ。また、お世継ぎづくりの十分な環境を、周辺が用意できるだろうか。

政府では、皇位継承問題に関する意見書が提出され、国会で話し合いが行われている。そこで政府からは「旧皇族の男系男子孫の皇籍取得」が提言され、一部の野党が反発している。いろいろと因縁をつけているが、結局は「旧皇族とは、六百年前の室町時代に分かれた伏見宮《ふしみのみや》家の子孫で、今の皇室と血が遠い」である。さらに「仮に悠仁殿下にお世継ぎが生まれなかったとして、そのような血縁が遠い人が天皇になった先例はない。そもそも、旧皇族とは、占領期に皇族の身分を失った方々の子孫であり、子孫の方々は生まれたときは国民にすぎない。国民の理解を得られるだろうか」と続く。

そこだけ聞けば、一理あるような反論である。ただし、「そこだけ聞けば」の議論であり、一理はあっても二理があるかどうか知らないが。

そこで「旧皇族の男系男子孫の皇籍取得」に反対する人々が持ち出すのが、「女性天皇」「女系天皇」である。曰《いわ》く、「天皇陛下の直系に愛子殿下がいらっしゃる。女性が天皇になることに関し、国民の支持は高い。女性だという理由だけで皇位を継げないのは、おかしいではないか」と。一見すると理屈っぽく聞こえるが、単なる感情である。

そして、「〝愛子天皇〟には好きな男性と結婚して幸せになっていただきたい。お二人のお子様が天皇になる、女系天皇の何が悪いのか」と。その場合、「配偶者の男性が一般国民でも、結婚と同時に皇族になるべきである」と主張する。それ、日本の歴史を根底から否定することだと理解していないのか、それとも知っていて黙っているのか。

皇位の男系継承とは、「皇統に属さない男子の排除」である。皇室の歴史において、一般人の男を皇族にした例はない。よく「男系継承は女性差別」と勘違いする向きがあるが、逆である。

男系継承とは、徹底した男性排除の原理なのである。それこそ、「皇室において女帝の先例はあるが、男の皇后は一人もいないが、それはどうなのだ」と問うと、答えが返ってこない。結局、男女平等だのジェンダー平等などを持ち出す論者は、わかっていないか、あるいは皇室の伝統を破壊したいだけなのだ。

本書では、厳密な「女系天皇」の不合理を説いた。世に言う「女系天皇論者」は、「女系天皇容認論者」なのだ。父親でも母親でも、どっちでも良いから、親が天皇・皇族であれば、皇位継承権があるとする論だ。すなわち、「雑系論」だ。「父親が天皇・皇族でなければならない」とする男系論なら、一般人の男は皇族になれない。しかし、女系天皇容認論（実質は雑系論）は、一般人の男が皇族になり、その子が天皇になるのを容認する。

一般人の男を皇族にして良いのか否か。これが現時点での、政界での最大の争点である。

本書では縷々《るる》、「一般人の男性は皇室に入れないが、女性は皇族になれる」歴史を語った。皇室は、一般人でも女性は受け入れるが、男性は受け入れない。これを続けるのか、やめるのかが、日本の歴史を守るか否かの争点なのである。

女系天皇容認論者には、三つの特徴がある。

第一は、相対評価ができない。

旧皇族の男系男子孫を「今の皇室から血縁が遠い」「一般国民を皇族にして国民の理解が得ら

れるのか」と批判する。その一方で、皇室と何の縁もゆかりもないパンピーの男が皇族になるのを推奨する。その整合性を説明した議論を聞いたことが無い。

第二は、他人には厳しいが自分に甘い。時に自分に都合が悪い事実は隠すし、事実を捻《ね》じ曲げる。

菅・岸田内閣の有識者会議報告書を、微に入り細に入り批判する。その一方で、小泉内閣の有識者会議報告書を持ち上げる。しかし、その小泉内閣の有識者会議報告書はパンピーの男が皇族になれる根拠を何一つ説明していない。それが根幹であろうに。少なくとも根幹である理由を、本書では筆を尽くして説明してきた。

他人には厳密な説明を求め、時に些細《ささい》な事実誤認を針小棒大《しんしょうぼうだい》に言い立てる。しかし、自分の論の立証には極めて甘い。「女も結婚によって皇族になれるのだから、男だって皇族になれるはずだ」などと軽く言ってのけられては困るし、「一般人の女性が皇族になれるようになったのは近代以降の伝統だ」などの論は、重大な事実誤認もしくは意図的な歴史歪曲《わいきょく》だ。

そして第三は、他人の疑問に答えない。

私は何度も問うたことがある。「アナタたちは、何をやったら皇室を守ることになる。何をやったら皇室の伝統を壊したことになるのか」と。私の場合は簡単だ。皇位の男系継承である。すなわち、「皇統に属さない男を皇室に入れない、その子は皇族にも天皇にもなれない、本人が天皇になるのは論外」である。この程度の簡単な答えすら、女系天皇容認論者は用意していない。日本の歴史に一度も無い「女系天皇」などをやってでも、「皇室の伝統を守った」などと言い張る気なのだろう。その状態を私は、「日本の歴史が途切れた」と言っているのだが、なぜ途切れていないのかの説明をされたことがない。

歴史も伝統も先例も関係なく、「天皇」「皇室」の名前さえ残ればよいのなら、「選挙天皇」でも「公募天皇」でも「外国人天皇」でも構わないではないか、と言っても答えない。

私は対話を拒否していない。対話を拒否しているのは、女系天皇容認論者と称する雑系論者だ。そんなに女系天皇容認でも皇室の伝統が壊れないと主張するなら、皇室の伝統とは何かを説得すべきではないのか。

一部マスコミは「ジェンダー平等だから女系天皇」「国民に人気があるから愛子天皇」などと主張するが、雑系論者に煽《あお》られた結果だ。煽動《せんどう》ではなく、論理で説得すべきではないのか。

本書は、倉山工房の雨宮美佐さんと常陸唯道さんの協力で完成した。雨宮さんとは長い付き合いになるが、本書でもそのリサーチ力と指摘には助けられた。常陸さんは、雑系論が蔓延《はびこ》る現状に義憤を感じ、手伝いを申し出てくれた。

ビジネス社の本間肇さんには、本書執筆中に病気になったこともあり大幅に原稿が遅れ大迷惑をかけた。本書の図表は本間さんの力作である。

本書巻末には、私が理事長兼所長を務める（一社）救国シンクタンクで作成した資料を添付した。

附録1は、弁護士の山本直道・村松恒雄・横山賢司の各先生の多大な協力を仰いだ。

附録2、3は、現在は早稲田大学非常勤講師で、皇室史に造詣が深い赤坂恒明先生に御協力御指導をお願いした。

一冊の本を一人で作るのは不可能である。

仲間に感謝して筆をおく。

附録1

憲法第14条と皇位継承問題

●解題

以下は私が（一社）救国シンクタンク所長として、少なからずの仲間の協力を得て執筆したレポートである。与野党要路者に手交、ご説明に使用した資料でもある。

現在の政府案は「旧皇族の男系男子孫の皇籍取得」を提言したが、これに対して「憲法第十四条違反である」との反論が出ていたので、その謬見《びゅうけん》を指摘したレポートである。

数字、肩書は当時のままにした。

文中では「参考資料」の要点は紹介しているが、分量が膨大に過ぎるので、本書では割愛した。

救国シンクタンクの会員は全文を読めるので、ご興味のあるかたはご登録を。

https://kyuukoku.com/support/

なお、重要な点は指摘しておく。

221頁（2. 有識者会議での指摘）「低調である」→最終的に全会派が意見書を出した。

3.「憲法第14条違反」との指摘について→内閣法制局が「合憲である」との答弁を行った。

注24は、救国シンクタンク編『皇位継承問題』（総合教育出版、二〇二三年）として書籍化された。

憲法第14条と皇位継承問題
～旧皇族の男系男子孫の皇籍取得は「門地」による差別なのか？～

1．はじめに

皇室は、我が国の歴史を象徴する存在である。

その皇室は、初代神武天皇の伝説以来、一度の例外もなく皇位の男系継承を続けてきた。この男系継承の原則が守られてきたので、日本の歴史において一般人の男性が皇族になったことは一度も無い。いかなる権力者も天皇になれず、皇位の簒奪《さんだつ》はできなかった。

皇室は多くの民間人女性を皇室に受け入れてきたが、男性は一度も受け入れていない。これが男系継承の本質である。男女同権やジェンダー平等とは無関係の伝統である[1]。

男系継承とは、「父親の父親……」とたどると、必ず神武天皇に行き着く血統により天皇の位が継承されてきた原則の事である。歴代131代（北朝5代を含む）の天皇は、すべて男系で継承された。例外は8方10代（お二方が重祚《ちょうそ》されている）の男系女子の女帝であるが、その他すべての天皇は男系男子であった。なお、男系女子の女帝を復活させるべきとの議論は古くから存在する。ただし、それは一つの重要な議論ではあるが、本論の対象外である。

注1　仮に「女帝・女系を認めないのは男女差別、ジェンダー平等に反する」と言い出せば、「男が皇后になれないのは男女差別、ジェンダー平等に反する」と言わねばならないだろう。皇室は男女分業の伝統であり、皇統に属する男子以外の男子を排除してきた。

女帝も含めて、公称2683年間、すべての天皇が男系であった。皇位継承において「これをやっておきさえすれば大丈夫」などという万能の方法はなく、その時代その時代で、先人たちが歴史を守りたいと努力してきたから、ここまで奇跡のように続いてきた。

現代、皇族の数が少なくなっているからこそ、我々も努力せねばならない状況となっている。そこで政府は「旧皇族の男系男子孫の皇籍取得」を提言している（これは皇室典範の何らかの改正を伴う）。

これに対して、憲法第14条違反の疑義を提示する論者もいる。そこで「旧皇族の男系男子孫の皇籍取得は憲法第14条違反なのか」について検証する（日本国憲法と皇室典範の関係条文については、参考資料1、2を参照）。

2．有識者会議での指摘

憲法第14条の問題を取り上げる前に、経緯を説明する。

皇位継承問題に関して長年に亘《わた》り議論があったが、令和3年3月23日に政府は「天皇の退位等に関する皇室典範特例法案に対する附帯決議」に関する有識者会議（以下、有識者会議）を招集、検討と専門家からのヒアリングを重ねた上で、令和3年12月22日提出の「『天皇の退位等に関する皇室典範特例法案に対する附帯決議』に関する有識者会議報告書」により、採るべき政策の方向性が示された（有識者会議のヒアリング項目に関しては参考資料3を参照）。

その方向性は、「次世代の皇位継承資格者として悠仁親王殿下がいらっしゃることを前提に、この皇位継承の流れをゆるがせにしてはならないということで一致」し、「皇位継承の問題と切り離して、皇族数の確保を図ることが喫緊の課題」とした上で、三つの方策を提言した。すなわち、

①内親王・女王が婚姻後も皇族の身分を保持することとすること。
②皇族には認められていない養子縁組を可能とし、皇統に属する男系の男子を皇族とすること。
③皇統に属する男系の男子を法律により直接皇族とすること。

である。

②と③は、いわゆる旧皇族の男系男子孫の皇籍取得である。

報告書は政府から両院議長に提出され、両院議長は各会派に意見書を出すように促す運びとなった。ただし、令和4年4月15日に日本維新の会が意見書を提出した以外は、どの会派も意見書を提出しておらず、議論も**低調である**。

こうした中、いまだに「愛子天皇」「女系天皇容認」を唱える論者から、旧皇族の男系男子孫の皇籍取得は憲法第14条違反ではないかとの指摘が出た。

3.「憲法第14条違反」との指摘について

いわゆる女系天皇容認論者は、「旧皇族の皇籍取得は憲法14条が禁止する門地による差別で違憲である」と主張している。[2]

注2　著名な論者として、高森明勅《あきのり》（皇室研究者）、倉持麟《りん》太《た》郎《ろう》（弁護士）、小林よしのり（漫画家）。

日本国憲法第14条

すべて国民は、法の下に平等であつて、人種、信条、性別、社会的身分又は門地により、政治的、経済的又は社会的関係において、差別されない。

2　華族その他の貴族の制度は、これを認めない。

3　栄誉、勲章その他の栄典の授与は、いかなる特権も伴はない。栄典の授与は、現にこれを有し、又は将来これを受ける者の一代に限り、その効力を有する。

この説を裏付ける根拠が述べられているのは、管見では大石眞京都大学名誉教授と宍戸常寿東京大学法学部教授が有識者会議で開陳した意見だけである。[3] まずは両氏の議論を紹介する（両氏の有識者会議での発言は、参考資料4を参照）。

大石氏は、旧皇族は一般国民であり、一般国民の中から特例的・継続的な地位を認めるとなると、憲法第14条第3項が認めない貴族制度となるので、「憲法のハードルは高いように思う」と主張している。

宍戸氏は、昭和天皇の直系によらない旧皇族に限定すると門地による差別に該当するおそれがあるとし、その根拠として四つの論点を整理しなければならないとする。

第一に、法律で養子たり得る資格を一般国民の中から皇統に属する男系男子に限定するならば、門地による差別に該当するおそれがある。さらに、十一宮家と皇統に属する男系男子の差別も生じる。第二に、これまで血縁だけでなく皇室会議の認めた婚姻から出生した男系男子であることを前提としてきたことから、血縁だけを要件とする整合性。第三に、これまでは出生時より皇族であり自覚を促してきたが、「人権の論理」の中で個人としての意識を持って成長してきた一般国民を皇族とする整合性。第四に、これまでは皇嗣に意思決定の自由を認めていなかったが、自ら養子になることで認めることとなる整合性。

大石説は、当該旧皇族が単なる一般国民ではないと証明されれば、その時点で成立しない。宍戸説の第一の論点も同様である。この点に関しては、6.「展望」で詳述する。

宍戸説の第二～第四は、本質的に過去の政策との整合性である。仮に宍戸氏が主張するように「昭和天皇の女系の子孫」からの養子を可能にしても、まったく同様の問題が生じる。よって、旧皇族十一宮家のみを標的とした為にする議論と断じるほかない。宍戸氏は「日本国憲法施行時の天皇であった昭和天皇の実系」を重視するが、皇室は日本国憲法以前に存在し、共存してきた。あたかも昭和天皇を皇祖の如く限定する議論の根拠は、示されていない。

以上、第二から第四の論点に関しては、日本国憲法においても認められてきた「実質的憲法」としての皇室の伝統法をも踏まえた議論でなければ、偏りが生じる。[4]ただし、そもそも、大石・宍戸両氏ともに「憲法違反である」と断定はしていない。大石氏は「憲法のハードルは高いように思う」」、宍戸氏は「疑義があると考えている」との表現である。

注3　「天皇の退位等に関する皇室典範特例法案に対する附帯決議」に関する有識者会議第4回ヒアリングより。参考資料4に関係個所をすべて抜粋しておいた。両氏とも憲法の専門家としてヒアリングに招かれた。大石氏の専門は特に、憲法史、議会、政教分離。宍戸氏の専門は特に、メディアと法。

注4　宍戸氏自身も、有識者会議ヒアリング冒頭で「私は憲法を研究している。皇室制度について専門的に研究をしてきたわけではないが、日本国憲法の全体構造及び統治機構における天皇制の在り方については、自分なりに先行する研究に触れ、ある程度の考えを持ってきた」と述べているように、皇室の専門家ではない。日本国憲法のみからの視点による一意見と評するのが妥当であろう。なお、「実質的憲法」の概念については6.「展望」において後述する。

現在、宍戸・大石両氏の指摘は学術書や学術論文などの文献としてまとめられている訳ではなく辛うじて新説にとどまると評すべきだが、事の重大性に鑑みて、以下4及び5では「疑義」を検証する。

4．条文の検討と先行研究の整理

（1）現行典範における合理的区別

敗戦後、占領軍は「民主化」の名目の下、華族制度を廃止した。現行日本国憲法第14条第2項および第3項は、明確に華族制度を否認している。その一方で、現行憲法は「天皇」の章を設け、天皇の存在を明記した。皇室は憲法第14条が禁じる「門地」そのものであるが、例外的に認められた存在となる（参考資料5「マッカーサーノート」を参照）。

憲法第2条は「皇位は世襲による」とのみ定め、それ以外の皇位継承にかかわることについては全て法律である皇室典範の定めるところに委ねている（平成24年2月13日内閣法制局長官答弁。詳しくは5．で後述。この答弁の原文は、参考資料7）。このような委任の下で現行の皇室典範は制定されたのであるから、皇室典範が皇位の男系継承を規定したことは憲法第2条が許容するところである。ならば、必要に応じて皇位の男系継承を維持するために立法を行うことには、合理性が認められる。

現在、皇室典範は、一般国民の女子は婚姻により皇族となると定めている。

皇室典範
　第15条
　　皇族以外の者及びその子孫は、女子が皇后となる場合及び皇族男子と婚姻する場合を除いては、

皇族となることがない。

つまり現行典範においても、皇族身分の取得に関し、一般国民の女子と男子の間に差別が存在している。これを、性別差別を禁止した憲法第14条第1項に照らして杓子定規に読むと憲法違反となろうが、そのような読み方は不合理であろう。むしろ、合理的区別として許容されてきたと解すべきである。[5]憲法第14条後段列挙事由による区別をした立法としては既に皇室典範第15条があり、皇族身分の取得における「門地」による区別を違憲とすると、皇室典範第15条が皇族身分の取得における「性別」による差別だとして違憲と解されていないことと整合しなくなってしまう。

(2) 先行研究：皇室には憲法第14条を適用できない

皇室の存在そのものを憲法第14条の例外と看做《みな》す、あるいは、より積極的に「皇室は日本国憲法の要請」と看做すのは、憲法学の圧倒的多数説である。

いわゆる「民主化」—自由、人権、平等と言った近代的権利なども含む—を前提とした日本国憲法において、世襲に基づく身分制の原理として皇室は存在してきた。よって憲法学の関心は、天皇・皇族を憲法上どのように取り扱うか、に集中してきた。具体的には、「天皇（や皇族）が国民に含まれるのか」

注5　言うまでも無いが、男子は妊娠出産が不可能である。皇統保持のために皇族男子の配偶者を皇族とするのは合理的理由がある。大和時代までは皇族同士の婚姻が常例であったが、近親婚の弊害があった。過渡期の奈良時代を経て、平安時代以降は皇族ではない女性との婚姻が常例となり、現在に至る。現行皇室典範第15条は、この伝統に則《のっと》って定められている。

「国民として人権主体になりうるのか」に学説の関心は集中してきた（憲法学界の議論については、参考資料6を参照）。天皇（および皇族）が国民に含まれるか否かで議論は分かれているが[6]、天皇・皇族であるが故に国民とは違う一定の特権と制約が存在する点では争いが無い[7]。このような点を踏まえ、人権享有の主体の例外として天皇をあげ、皇族に援用するのが通説である[8]。

ここでは、この論点に関し、詳説している代表的な論者の説を挙げておく。

佐藤幸治京都大学名誉教授は以下のように説く[9]。

憲法は、主権者国民の総意に基づくとはいえ、近代人権思想の中核をなす平等理念とは異質の、世襲の「天皇」を存続させているのであって、現行法上天皇および皇族に認められている特権あるいは課されている著しい制約――それが世襲の象徴天皇制を維持するうえで最小限必要なものと前提して――是認されるとすれば、その根拠はまさにこの点に求めざるをえず、憲法14条の「法の下の平等」条項下の「合理的区別」論で説明しうる事柄ではないと解される。

要するに、皇室に憲法第14条の法の下の平等を適用できないとの説である。

これを長谷部恭男東京大学名誉教授は、「人権の飛び地」と表現する[10]。

ところで日本国憲法の作りだした政治体制は、平等な個人の創出を貫徹せず、世襲の天皇制（憲法2条）という身分制の「飛び地」を残した。残したことの是非はともかく、現に憲法がそのような決断を下した以上、「飛び地」の中の天皇に人類普遍の人権が認められず、その身分に即した特権と義務のみがあるのも、当然のことである。

したがって、天皇は（そして皇族も）憲法第3章にいう権利の享有主体性は認められていない。この考え方からすれば、身分制秩序の「飛び地」の中に外側の男女平等の原則を持ち込んで、女帝が認められない（皇室典範1条）のは憲法違反だと主張するのは、論理の錯誤である。

この「飛び地論」については、宍戸教授も有識者会議で言及しており、憲法第14条の平等原則が直ちに皇室に対して適用されない点には同意している。[11]

注6　ちなみに、野中俊彦、中村睦男、高橋和之、高見勝利『憲法Ⅰ　第5版』（有斐閣、2012年）231頁の整理によれば、かつての宮沢俊義や芦部信喜は天皇も国民に含まれるとしていたが、佐藤幸治・長谷部恭男などは含まれないと唱え、高橋自身も含まれないとの説に立脚している。

注7　世襲的地位そのものが特権として捉えられている。参考資料6に挙げた憲法学者だと、高橋和之・長谷部恭男・樋口陽一・田畑忍が、「特権」との表現で記述している。むしろ、天皇および皇族は多くの制約が課せられている存在であり、学説の多くはその制約の合理性の説明に割かれてきた。よって、多くの憲法学教科書で、天皇は人権享有主体の例外として筆頭に挙げられている。

注8　代表例として、芦部信喜『憲法　第七版』（高橋和之補訂、岩波書店、2019年）87～89頁、前掲高橋他『憲法Ⅰ　第5版』231～232頁。なお、人権享有主体の例外として、他に外国人・法人・未成年を挙げるのが通例。

注9　佐藤幸治『日本国憲法論　第二版　法学叢書7』（成文堂、2020年）160～161頁。

注10　長谷部恭男『憲法　第8版』（新世社、2022年）126頁。

注11　有識者会議での、宍戸教授の発言は以下。

憲法第14条1項の定める平等原則は、「人権の論理」に属するものであることから、学説において身分制の飛び地ともいわれる天皇制の在り方に、この平等原則が直ちに影響するものではないと考える。

参考資料6に、宍戸教授の編纂による『憲法1』（日本評論社、2016年）の該当部分を引用しておいた。

そもそも皇室は、日本国憲法制定以前から存在する「門地」そのものである。

ここまで縷々紹介してきたように、皇室の存在そのものが日本国憲法、特に憲法第14条の、重大な例外的存在である。

さらに踏み込んだ論理を展開しているのが、長《なが》尾《お》一紘《かずひろ》中央大学名誉教授である[12]。

長尾教授ははっきりと、「日本国憲法をありのままに解釈しようとするならば、天皇が君主であることを前提にしなければならない。天皇の配偶者としては、一般国民の立場からみて、また国際的にみても、その地位にふさわしい女性が選ばれる必要がある。これを天皇の、たとえば恋愛感情にもとづく個人的判断にまかせることはできない。君主に結婚の自由がないのは、君主国共通の現象である」と言い切る。

そもそも人権（基本権）は君主制の原理に「王権に対抗する人民の権利として観念された」とし、日本国憲法においても、「君主に基本権を認めることは、君主の象徴作用を妨げ、君主制の弱体化をきたすことになる」とする。

ここまではっきりと「君主に結婚の自由がない」と踏み込んだ発言をしているのは、管見では長尾名誉教授しか見当たらなかったが、その論理は説得的である。

参考資料6には他に、伊藤正己《いとうまさみ》、小嶋和司《こじまかずし》、樋口陽一、初宿正典《しやけまさのり》、小林節、松井茂記《まついしげのり》の諸氏の学説を挙げておいた。また、大石・宍戸両氏の所説も、紹介しておいた。

大石教授は、天皇・皇族は「広い意味での国民に含まれ」「基本権の享有主体となることができる」としつつも、制約される権利の筆頭に皇族男子の婚姻の自由を挙げる。

宍戸教授もまた、天皇・皇族の権利制約として、選挙権についで婚姻の自由が認められない点を挙げる。

天皇（と皇族）が国民に含まれるか否かで学説は分かれるが、日本国憲法第三章の国民の権利（人権）

がそのまま適用される訳ではなく、一定の人権制約が前提とされる点、特に婚姻の自由の制約が挙げられる点では、争いが無い。

なお、「女系天皇を認めないのは男女差別だ」との論が少数説で唱えられるが、憲法の男女平等原則からは導き出せない。[13]

明治の皇室典範以来、皇位継承権は男系男子に限ってきた。女帝（男系女子）に関しては、かつて八方十代の先例があるので、それらの先例の存在を踏まえ皇室典範を改正することも可能である。だが、日本国憲法の平等原則の適用を以てしての女帝容認論は、日本国憲法の論理自体により認められない。仮に女帝が容認されるとしても、日本国憲法の原理によるのではなく、法源を制定法の他、慣習、先例、条理、伝統等に有するところの皇室を対象とする諸規範の集合たる皇室法[14]に照らしてなのである。女系天皇に至っては、そもそもかかる意味での皇室法により認められない。皇室法で認められない女系天皇を日本国憲法の人権原理の皇室への直接適用により容認するとすれば、これまで皇室と共存してきた日本国憲法の原理の否定となる。よって、日本国憲法の人権原理の適用により女系天皇否認を違憲とすることはできない。

注12　長尾一紘『日本国憲法　全訂　第4版』（世界思想社、2011年）57頁。

注13　辻村みよ子『憲法とジェンダー　男女共同参画と多文化共生への展望』（有斐閣、2009年）146〜147頁は、奥平康弘東京大学名誉教授や横田耕一九州大学名誉教授の論説を紹介し、「皇室典範違憲説」を唱える。しかし、いかに好意的に見ても、少数有力説にすぎない。そもそも、辻村氏の論説も「憲法学者が避けて通ることができない課題」と問題提起しているにすぎず、その後も少数説に留まる。学界の多数説かつ通説が紹介した長谷部説の内容なのは明らかであり、憲法学において皇室は「身分制の飛び地」である。

注14　園部逸夫『復刻版　皇室法概論』（第一法規、2016年、初版は2002年）7頁は皇室法を「皇室を対象とする諸規範の集合」と定義し、法源を「制定法、慣習、先例、条理、伝統等」に求める。

する論は成立し得ない。

上記を踏まえると、男性が女性皇族との婚姻により皇族となることができない等、皇族となり得る者の資格については、日本国憲法の人権原理が直接適用されないのであるから、今後新たに男性かつ特定の血筋の方に限定して皇族となり得る資格を認めることについても日本国憲法の人権原理の適用により違憲とすることはできない。

皇室と日本国憲法の関係は、制定過程の経緯に基づき実務が積み重ねられ、学説も追認してきた。単純に日本国憲法第14条を直接適用して論じる議論はそもそも許されないのである。

5.「合理的」の考察

(1) 憲法上第14条の下でも合理的な区別は許容される

上記4.(2)では、天皇・皇室と日本国憲法の人権原理との関係についての学説の現状を前提とすると、そもそも旧皇族の皇籍復帰には憲法第14条が適用されないことを述べた。しかし、仮に憲法第14条が適用されるとしても、旧皇族の皇籍復帰は憲法第14条違反ではない。その理由を以下で論じる。

まず、現行法の運用により明らかなように、憲法第14条は、何から何まで絶対的平等を図れとの趣旨ではない。合理的な区別は許容されると解されている。

では、「合理的な区別」とは何か。

区別をする立法目的に合理的な根拠があり、かつその区別の内容が立法目的との関連において不合理なものでない場合は、立法府の合理的裁量判断の範囲を超えるものでなく、憲法第14条第1項違反とならない。この二つの条件が満たされた際、区別は合理的に許容されると解される。

ならば、「旧皇族の皇籍取得」は、許容できる合理性の範囲内なのであろうか、あるいは許容できないのだろうか。

（2）立法目的の合理性

政府有識者会議報告書の提案は、皇統に属する男子（この場合は、いわゆる旧皇族の男系男子孫）という、特定の家柄・血筋の人物にのみ例外的取扱を認めることになる。その目的は、皇統に属しない男子が皇族となることを排除しつつ、皇統に属する男子を、新たに皇族とすることを可能とすることによって、皇族数の確保を図るとともに、将来の安定的な皇位継承を期する事である。

これが合理的であると考えられる根拠は、以下である。

皇室典範第1条が「皇位は、皇統に属する男系の男子が、これを継承する」と規定しているとおり、皇統に属する男子が存在し続けることが皇位の継承にとって非常に重要であるから、現在のような皇統に属する男子が過少な状況においては、皇統に属する男子が増えることが望まれる。

皇室典範第2条第1項は「皇位は…（中略）…皇族に、これを伝える」と規定し、皇統に属する男系の男子であっても「皇族」でなければ皇位継承ができないこととしているため、皇位継承資格者を増やす観点からは、皇統に属する男系の男子を皇族とする必要がある。[15]

注15　ただし、一般国民として暮らしてきた旧皇族の男系男子孫が皇族になった後、直ちに皇位継承資格を与えるか条件付きとするかは、別途検討の余地はある。平たく言えば、「昨日まで国民だった人が、今日皇族になり、明日天皇になる」には国民感情の抵抗が強いであろう。「有識者会議」の報告書は、「昨日まで皇族だった方の次の世代の方々」が生まれたときから皇族として、悠仁殿下の御代を支えていただく体制の提言であると読み取れる。

皇統に属しない男子を皇族にしないとの考え方は、皇室典範の全体を貫く最も重大な原則であり、男系に属する男子を対象とするのであれば、この重大な原則に親和的である。

この重大な原則は、条文上に根拠がある。皇位は皇族に伝えられるところであり（典範第2条）、皇位は、皇統に属する男系の男子が、これを継承する（典範第1条）とされ、皇統に属しない男性は絶対に天皇になれない。更に、一般人の男子は皇族女子と結婚しても皇族になれない仕組みとなっている（皇室典範第12条、第15条を参照）[16]。皇統に属する男子ならぬ一般人の男子やその子供が皇族になった例は、日本の歴史で一度もない。最も尊重されるべき伝統である。

他方、元皇族・旧皇族の皇籍取得の例は存在する。元皇族とは、もともと皇族だったが、臣籍降下により一般国民となった方々のこと。旧皇族とは、旧皇族の子孫のことである。元皇族・旧皇族の皇籍取得は過去に先例があり、歴史上には天皇になった方もおられる[17]。

現行典範では、旧皇族の皇籍復帰や元皇族の皇籍取得の規定は存在しないが、それは法源を制定法の他、慣習、先例、条理、伝統等に有するところの「皇室法」上は容認されている事柄として典範に委ねられている範囲であり、違憲の疑義は発生しようがない。

（3）立法目的との関係で区別の内容は合理的

このように、皇室法及びそれを反映した典範の趣旨に則った新規立法が行われた場合に、違憲の疑義が発生するだろうか。

皇統に属する男系男子による皇位の継承を維持することを目的に立法をするにあたり、皇統に属しない一般男性が皇族になる余地を作らず、皇統に属する男系男子孫のみを皇族候補の対象とするとの区別をすることは、皇室典範第1条及び第2条に照らし将来の皇位継承者を確保することになるから、皇統に属する男系男子による皇位の継承を維持するとの目的との間に合理的な関連性がある。

結果、皇統に属する男子は皇族になる余地があるが、皇統に属しない男子は皇族になる余地は皆無とされ、その結果、皇統に属する男子だけが皇族となる。そして、皇統に属する男子たる皇族男子のみが皇位継承者となり、その結果、継承順位第一位の皇族男子が次の天皇に即位する。

憲法第2条を受けて制定された憲法附属法たる皇室典範の基本構造にとって、皇統に属する男子なのか、皇統に属しない男子なのかの峻別《しゅんべつ》は決定的に重要である。

この現行皇室典範の基本構造自体を今になって憲法違反と言うなら別だが、これまでは「誰が皇族になるかは典範に委ねる」と運用してきたし、当然ながらそこに違憲の疑義は生じなかった。よって、この基本構造・基本原則に即して立法を行うことによって、国民との間に区別が生じてしまっても、憲法第14条の合理的な例外として許容され得る。

注16　皇室典範第12条は、「皇族女子は、天皇及び皇族以外の者と婚姻したときは、皇族の身分を離れる」とし、結婚相手である一般人の男子を皇族にはしない。同様に、皇室典範第15条は「皇族以外の者及びその子孫は、女子が皇后となる場合及び皇族男子と婚姻する場合を除いては、皇族となることがない」とし、一般人の男子は、一般人の女子と異なり、皇族と結婚しても皇族にならないことを規定している。

注17　元皇族から天皇になったのは第59代宇多天皇、旧皇族から天皇になったのは第60代醍醐天皇。臣籍降下と皇籍復帰（取得）は古代から近代までしばしば行われてきた。

6. 展望

（1）有識者会議における指摘の検討

改めて有識者会議における指摘を検討する。

大石名誉教授と宍戸教授が共通して主張していた、「特定の国民の中から皇族になれる人間を限定すると、憲法第14条が禁止する門地による差別に当たる」との指摘に関しては、既に現行憲法下で行われているし、憲法自体が誰を皇族とするかを典範に委ねている以上、合理的区別として許容されると前章で述べた。

詳細に論点を提示しているのが、宍戸教授であるので再掲する。

宍戸氏は、昭和天皇の直系によらない旧皇族に限定すると門地による差別に該当するおそれがあるとし、その根拠として四つの論点を整理しなければならないとする。

第一が、法律で養子たり得る資格を一般国民の中から皇統に属する男系男子に限定するならば、門地による差別に該当するおそれがある。さらに、十一宮家と皇統に属する男系男子の差別も生じる。第二が、これまで血縁だけでなく皇室会議の認めた婚姻から出生した男系男子であることを前提としてきたことから、血縁だけを要件とする整合性。第三が、これまでは出生時より皇族であり自覚を促してきたが、出生時には人権感覚を身につけてきた一般国民を皇族とする整合性。第四に、これまでは皇嗣に意思決定の自由を認めていなかったが、自ら養子になることで認めることとなる整合性。

第一の論点の内、「十一宮家と皇統に属する男系男子の差別」に関しては、憲法が関与するところではない。そもそも皇統に属する男系男子の中で、[18]具体的に誰を皇籍取得の対象とするのかは、皇室の伝統等に従い誰が望ましいのかという皇室法に照らした皇室典範の運用に委ねられていると考えられる。

仮にそのような差別が生じても合理的な裁量の範囲内での運用であれば違憲の問題は生じえない。

第二から第四の論点は、これまでの制度との整合性である。

第二の論点は、現在の皇族男子はその両親の婚姻は皇室会議が認めたものであった（つまり配偶者も皇室の一員となるにふさわしい方であり、したがって生まれてくる子が皇族となるのにも支障がないであろうことを確認しているという趣旨かと思われる）点に着目し、そのような厳重な審議がなされずに結婚した両親から生まれた男系男子でも構わないのか、との問題意識であろう。しかし、この点はどれほどの重要性があろうか。改正法は、養子案であれ、直接の皇籍取得案であれ、男系男子であることのみを皇籍取得の要件とするのではなく、皇室会議の議を経ることを要件とすると想定される。そして、当該皇室会議において、単に本人が皇統に属する男系男子であることを確認するだけでなく、本人の両親やその先代についても、経歴その他を適切に確認するものと思われる。つまり、いわば歴代の婚姻の適切性も含めて皇室会議で審議すれば足りるのである。したがって、宍戸教授が指摘する整合性の指摘は問題とならない。

第三の論点は、むしろ宍戸教授自身の提案つまり内親王に限り皇位継承資格を認め女帝を容認する場合すなわち昭和天皇の直系の内親王殿下が一般人男性と結婚し、その人を皇族とした場合にこそ生じる問題である。このような場合、内親王殿下の配偶者となられる一般国民の男子は、皇室と血縁が無い。しかも、これまでの皇室典範では、皇族の女子が一般国民の男子と結婚した場合は皇籍を離脱してきたが、その仮定される皇室と血縁が無い一般国民を皇室会議により皇族と認めるならば、これまでの政策

注18　皇統に属する男系男子に皇籍取得を求める権利が付与された訳ではなく、また、皇統に属する男系男子間で具体的に誰を皇族とするかの運用には、決定機関に広範な裁量が認められると解される。

との整合性はおろか、日本の歴史に一度もない革命的事態となる。
つまり、第三の論点は宍戸教授の指摘は、皇室法に反する女系天皇容認の問題を浮き彫りにするので、日本国憲法の皇室に対する要請と整合性が取れなくなる。女系天皇を容認しその配偶者が一般国民の場合のほうが、深刻な問題なのである。これに対し、旧皇族の男系男子孫の中には、一般国民として過ごしつつも皇族をお支えするとの自覚を持たれている方々が一定数おられるとのことである。旧皇族の男系男子孫の方々は、自身が皇族であるとの自覚はなくとも、自身が旧皇族であるとの自覚は当然ながら有しているはずであるが、皇室と血縁が無いまったくの一般国民にはそのような自覚があるはずがない。

要は宍戸教授のこれら第二および第三の指摘は、旧皇族の男系男子孫であれば誰でも皇籍取得して良いと言うのではなく、皇族としての地位にふさわしい方々であるべきだと読み替えれば良かろう。

第四の論点は、これも法的整合性の指摘と言うよりも、政策論と読み取れる[19]。

宍戸教授の指摘は、皇族になるとは天皇になる覚悟を求めることであり、明治以降の皇室においては出生において否応なく制度的に皇族である宿命を受け容れさせてきたが、仮に旧皇族の男系男子孫に対し皇室典範の改正等によって皇籍取得を認め、皇族となるとすれば、いわば世襲親王家に対する天皇陛下による親王宣下とも言うべき状況なのであって、その覚悟をどのように求めるのか、と読み替えられる。

宍戸教授の「憲法第14条違反の疑義」についての指摘は、四つの論点を乗り越えることで、疑義そのものが解消する。

宍戸教授の指摘で有益なのは、政策論としての指摘であろう。

（2）旧皇族の男系男子孫の皇籍取得が政策としても至当

なお念のため、現在の日本政府見解は、憲法第2条の「世襲」には、男系だけでなく女系も含まれるとの解釈についても述べる。

かつての政府は一貫して、皇位の世襲は男系に限定されるとの見解であった。[20]しかし、小泉内閣（福田官房長官）において女系も含まれると変更された。[21]小泉内閣において女系天皇容認に踏み出した背景には、このままでは皇統が断絶するとの危機感が存在した。政府見解の変更の背景は想像に難くない。菅内閣でも加藤官房長官がその旨を表明している。

以上の政府見解の変遷に関しては、参考資料7を参照されたし。一読して、政府の解釈変更ではないかとの疑問が湧くかと思われるが、ここではあえてその是非には言及しない。

現在も踏襲されている福田長官答弁以降の政府見解の下においても、旧皇族の男系男子孫の皇籍取得が憲法違反に当たらないのみならず、至当の政策である旨を説明する。

注19　政策論については、拙著『決定版　皇室論』224～227頁（ワニブックス、2023年）で詳述しておいた。事の本質は、悠仁殿下が即位後にお子様に恵まれなかった際への備えである。仮に旧皇族の男系男子孫の方々が皇籍取得・親王宣下されたとしても、その方が皇位に就かれる未来は考えにくい。一方、現世代の方々が親王宣下された後にお生まれになられた次世代の方々は、生まれながらにして皇族の自覚がある。万が一にお備えいただくのが要諦《ようてい》である。

注20　帝国憲法下の制憲議会において、憲法担当国務大臣の金森徳次郎は、皇位の世襲とは男系に限定されると明言していた。これは日本国憲法および現行皇室典範においても踏襲されてきた。別紙参考資料7では、角田内閣法制局長官の答弁を載せておいた。

注21　ただし福田長官は、解釈変更ではないと述べている。

これまで縷々詳述してきたように、日本国憲法は皇室について皇位の継承が世襲であることを唯一の条件とする以外のすべてを皇室典範に委任している。もちろん、憲法第14条との関係で言えば、合理的な区別である以上、これまでは性別による差別を容認してきたし、旧皇族の男系男子孫の皇籍取得によって門地による差別が生じたとしても、皇室の維持という憲法の要請にこたえる目的に限定される以上は許容の範囲内である。

もちろん、皇室典範が憲法から白紙委任されている訳ではなく、何をやっても良い訳ではない。その規範は、実質的憲法である。つまり、皇室典範は、形式的憲法である日本国憲法からは「皇位の世襲」を要請され、かつ実質的憲法に拘束される。この場合の実質的憲法とは「国家の統治の基本を定めた法」であり、「成文であると不文であるとを問わない」[22]。

皇室典範を拘束する実質的憲法は、皇室法である[23]。

この原理に照らし、女系天皇容認と旧皇族の男系男子孫の皇籍取得、どちらがふさわしいか。慣習・先例・伝統に基づけば明らかで、旧皇族の男系男子孫の皇籍取得は何度も先例があるのに対し、女系天皇は日本の歴史に一度もない。

そして、いわゆる旧皇族の皇室法における法的根拠は如何《いか》なるものであろうか。三点あげられる。

第一は、その歴史的由来である（参考資料8を参照）。その根拠法は、後花園天皇の勅命である。康正2年（1456年）10月、時の後花園天皇より「永世伏見殿と称すことを許された」のが、伏見宮家が永代宮家となった根拠である[24]。

古代に定められた律令では、皇位を継承しない皇族は五世以内に皇籍を離脱するようになっていた（養老律令継嗣令第一条）。平安以降は賜姓源氏に見られるように、五世よりも早い段階で臣籍降下する運用となり、中世では皇位を継がない皇族は一世でも出家し子孫を残さない運用となった。だが、南北朝の動乱において皇族数の減少は即座に皇室廃絶の危機を意味した。特に、南朝による三院廃太子同時拉致事件によって、北朝は半年以上も天皇不在の空位に陥り、朝廷存続の危機となった。[25]

　このような状況から、後花園天皇は皇族数の確保にご尽力され、実弟の貞常親王に永世御所を許す勅命を下した。[26]近世においても伏見宮家は、桂宮家・有栖川宮家・閑院宮家とともに永代宮家である四親王家として存続した。

　現在の「旧皇族」は単に血縁として皇統に属したことがある男系男子であるだけでなく、特別な法的

注22　日本で最も長く広く読まれているであろう憲法学の教科書である、前掲芦部信喜『憲法　新版』（初版は、1993年発行。その内容の初出は1985年）4～5頁の用語。

注23　皇室法を整理した代表的文献として、前掲園部逸夫『復刻版　皇室法概論』（初版は2002年）を挙げておく。

注24　参考資料8②を参照。『伏見宮系譜』は写しであり、勅命の原文は残っていないが、事実として伏見宮家は永代親王家（世襲親王家）として近代まで存続している。

　令和5年7月30日救国シンクタンクフォーラムにおいて、今谷明名誉教授に「後花園天皇と伏見宮家」と題し講演いただき、後日書籍化の予定である。伏見宮家に関する議論は、日本中世史がご専門の今谷名誉教授よりフォーラムの事前打ちわせでお聞きしたお話を基にしているが、すべての文責は筆者（倉山）にある。

注25　観応《かんのう》の擾乱《じょうらん》の最中の正平6年（1351年）、北朝を支える足利尊氏が一時的に南朝に降伏、11月7日に崇光《すこう》天皇は廃されて上皇に、皇太子直仁親王も廃太子とされた（正平の一統）。しかし、翌年に南朝は和議を破棄、三上皇と廃太子を本拠地の賀名生《あのう》に拉致。北朝は8月17日に後光厳《ごこうごん》天皇が践祚するまで、北朝は空位であった。いわゆる旧皇族家（伏見宮系統の皇族）はすべて、こうした悲劇に見舞われた崇光天皇の子孫である。

注26　後花園天皇自身も伏見宮家出身である。後光厳天皇の系統は曾孫の称光天皇で絶え、伏見宮家の彦仁王（後花園天皇）が傍系継承した。

意味を持つのである。

第二は、明治の皇室法および憲法である。伏見宮家は多くの子孫に恵まれ、閑院宮・山階宮・北白川宮・梨本宮・久邇宮・賀陽宮・東伏見宮・朝香宮・東久邇宮・竹田宮が永代宮家（近現代の用語としては世襲親王家）として存在した。大日本帝国憲法制定の際、皇室典範制定の議論も同時に行われ、伏見宮家他計十一宮家を世襲親王家として残すこととなった。[27]十一宮家には皇位継承権も認められていた。

第三は、日本国憲法および現行の皇室典範である。昭和22（1947）年1月16日に現行皇室典範が施行、5月3日に日本国憲法が施行された。その後、10月14日に十一宮家が一斉に皇籍離脱をされた。つまり日本国憲法および現行皇室典範の下でも、伏見宮系統の方々は皇族であった。皇籍を離脱した方は紛れもない元皇族だが、その男系子孫の方々は一般に「旧皇族」と呼ばれる。単なる一般国民ではなく、歴史の重みを背負う存在である。[28]皇籍離脱が日本国憲法及び現行皇室典範の施行に伴う措置であったとする証拠はなく、日本国憲法及び現行皇室典範の下でも世襲親王家の存在は憲法秩序の中に問題なく包含されていた。

以上、皇室法に照らした際、日本の歴史に一度もない女系天皇容認と、歴史的に特別な存在である旧皇族の皇籍取得のどちらが適切か。後花園天皇の勅命（以来の歴史的経緯）、明治の典憲、日本国憲法および現行皇室典範の三つを根拠として、いわゆる旧皇族の男系男子孫が皇籍取得したとしても、日本国憲法が求める皇位の世襲を維持するという合理的な目的である以上、なんら違憲の問題は生じえないのである。[29]

現在の政府見解は、憲法は皇位の世襲について女系も許可しているとしているが、それにしても義務を課している訳ではない。[30]以上は法律論であるが、政策論としては、やってても良いにしても、やらねばならない訳ではないことを、小泉内閣時代の状況が違う議論に引きずられて、悠仁殿下がおられる現代において行う必要はない。

7．おわりに

憲法問題として解釈した場合、旧皇族の男系男子孫の皇籍取得は、憲法が要請する皇室を存続させる政策的に合理的な目的で行われ、かつ無原則に一般国民の男子へ皇族になる資格を拡大するのではなく、日本国憲法が一般国民から皇族になる方法を委ねている皇室法に照らしてふさわしい方法である以上、憲法第14条違反の問題が生じない。

そもそも、人権に「皇族になる権利」は含まれていない。よって憲法問題は生じえない。[31]ただ、憲法問題として何ら問題が生じないとしても、それを政策として行う場合、皇室法は考慮しなければならない。

注27　明治神宮編『大日本帝国憲法制定史』（サンケイ新聞社、1980年）850～852頁。

注28　政府はその重みにふさわしい方に皇籍取得していただくよう、慎重に事を運ぶことが求められるのは言うまでもない。最終的には天皇陛下より親王宣下していただくにふさわしい方々である。

注29　それどころか、有識者会議最終報告書は皇族数の減少に歯止めをかけないと、「国事行為を行う臨時代行」「皇室会議」「摂政」のような、憲法や典範が求める皇族の役割が果たせないと指摘している。言うなれば、憲法危機である。

注30　繰り返す。政府（当時の福田康夫官房長官）は解釈改憲ではないと述べているが、疑義はある。しかし、本論ではその疑義には踏み込まず、現行の政府解釈においても可能かつ適切な解釈を論述した。

注31　なお、皇族となる資格に何らかの利益があるとしても、それは、皇族に課せられた様々な人権上の制約に照らすと、憲法上極めて要保護性の低い利益と言えよう。

江戸時代、新井白石は閑院宮家創設を試み、享保《きょうほう》3年（1718年）に直仁親王が閑院宮家創設を許された。その後の安永8年（1779年）に後桃園天皇崩御により当時の皇室の直系の男系男子が絶えた際、直仁親王の孫にあたる師仁《もろひと》親王が即位（光格天皇）、傍系継承により皇統を存続させている。ちなみに、光格天皇は後桃園天皇の遺児である欣子《よしこ》内親王を中宮に迎えている。

ここで留意すべきは、四親王家が存在するのに、なぜ新井白石が閑院宮家を創設したかである。しばしば女系天皇容認論者は、「旧皇族家（伏見宮系統の方々）を南北朝時代に離れた、六百年も血縁が遠い」と指摘する。確かに伏見宮家は、新井白石の時代で既に三百年も離れていた。この重みには向き合うべきであろう。

思うに、新井白石は永代宮家からの傍系継承の前に、より血縁が近い宮家を創設しておくべきだと考えたのだろう。

いつの時代でも、皇室は天皇陛下をお支えする皇族の方々がいなければ、成り立たない。だから宮家が必要なのは自明である。

ただ現実には、四十年間も皇室に男子が生まれなかったこともあり、一度は皇籍を離脱した旧皇族の方々にお頼りせねばならない状況となっている。

ここで考える鍵として、小泉内閣時代に女系天皇容認論を主唱した、笠原英彦慶應大学教授の議論を紹介する。笠原氏は、仮に女系天皇を容認したとして、皇位継承順位に次いで最も問題となるのは皇配殿下であるとする。そして十一宮家の男系の男子の方々を挙げている。[32]

皇室史において、傍系継承の際、女系は男系を補完してきた。[33] まず男系継承、それが不能な場合は傍系継承、そして女系による補完が、古代より行われてきたのが先例である。その努力を行わずに、まったくの一般国民の男子を皇族とするなど、日本の歴史の破壊である。絶対に子供が生まれる技術が存在しない以上、皇統の範囲を女系に拡大しても何の絶対的解決策にならないし、男系が絶えたらどうするかを考えすぎて伝統を破壊する前に、皇室が培ってきた知恵に学ぶべきである。一時の権力によって、歴史を取り返しがつかないほど変えてしまってはならない。

本来ならば、他人の家に口を出すのは如何《いかが》なものかであり、ましてや皇室にもの申すなど戦前日本人ならば誰もが恐懼《きょうく》したことである。

しかし、皇位継承はあまりにも重要である。だから静謐《せいひつ》な環境で議論を進め、日本の歴史を続ける政策を選択、実行すべきである。

注32　長文になるので、参考資料9に載せておいた。

注33　古代で一例を挙げれば、第26代継体天皇は第25代武烈天皇から十一親等離れた最も血縁が遠い傍系継承であるが、皇后に武烈天皇の姉（第24代仁賢天皇の娘）の手白香皇女《たしらかのひめみこ》を迎えた。現在の皇室は、継体天皇と手白香皇后の子孫である。

光格天皇と欣子中宮の例は本文で挙げた。

伏見宮家も断絶の危機になった際に御落胤《ごらくいん》を探し出し、貞致《さだゆき》親王として宮家を存続させている。その後、次代の邦永親王は霊元《れいげん》天皇皇女の福子内親王とご結婚、二人の子の貞建《さだたけ》親王が伏見宮家を継ぎ、現在の旧皇族十一宮家の祖となっている。

附録2
「准皇族」に関する論点

●解題

以下は、皇位継承問題に関し、NHKから国民を守る党の浜田聡議員に「准皇族」に関して意見を求められた際に提言した内容を、一般の読者にわかりやすいように書き直した。

その後、「回答書」として両院正副議長に提出された。

参議院ホームページで公開されているので、ご一読を。

リンク：https://www.sangiin.go.jp/japanese/ugoki/kouikeisyou/pdf/240717Knhk.pdf

浜田議員とは、皇位継承問題に関しあらゆる論点で一致しているので、文中に「賛成」「反対」などの意見表明をしている部分があるが、私の意見を浜田議員がすべて採用していただいた故、そのまま残した。

准皇族について

1．議論の整理

いわゆる「准皇族」とは何なのかの前に、議論を整理します。

現在、皇位継承問題のヒアリングにおいて、「①内親王・女王が婚姻後も皇族の身分を保持することとすること」を軸に、女性宮家を創設せよとの主張が議題となっていると理解しています。さらにその配偶者が民間人の男性であっても、女性の場合と同様に皇籍を取得させて皇族とせよとの主張が持ち上がっているようです。

しかし、そもそも女性宮家とは何なのかが不明です。すなわち、宮家の当主が一時的でも女性であれば女性宮家なのか、それともその宮家の代々の当主を内親王殿下あるいは女王殿下が継承していくのが女性宮家なのか、不分明です。前者であれば幕末から明治にかけての桂宮《かつらのみや》家が先例であると言えなくはありませんが、後者の場合にはそれは「女系宮家」ではないかとの懸念を禁じ得ません。また女性宮家当主の配偶者の方が皇族ではない一般人の男性であった場合に、その配偶者が皇族となり皇位継承権が生じるとなれば、その時点で我が国の歴史に一度も先例が無い「女系皇族容認」となります。これは日本の歴史そのものを改変する許しがたい事態と考えます。

今回は、女性宮家を創設するにせよしないにせよ、「内親王・女王が婚姻後も皇族の身分を保持することとする」こととした場合の配偶者の立場を問題とします。

仮に配偶者が一般人の男性であった場合でも皇族とせよと主張する論者の根拠は、「皇族と国民が一つの家庭に同居しているのは不都合である」の一点に収斂《しゅうれん》されるでしょう。[1] しかし、一般国民の男性を皇族にすること自体が日本の歴史に存在しないので、その時点で我が国の歴史を変えることとなります。

では、どうすべきか。四つの想定があると考えられます。

第一の想定です。女性宮家を創設するにせよしないにせよ、内親王・女王が婚姻後も皇族の身分を保持することとなり、皇族の男性とご結婚いただく場合です。次世代の男性皇族が悠仁親王殿下のみである状態で、このような想定における男性皇族とは、皇籍を取得された旧皇族の男系男子孫の方々しか考えられません。

この場合は「皇族と皇族の御結婚」であり、当然ながら賛成します。このような環境を整備するべしと考えて政府有識者会議報告書の②③の両案に賛成しました。よりによって皇族の方の人生に他人が口をはさむのに躊躇《ちゅうちょ》せざるを得ませんが、皇族の方々のご結婚は国家の重大事と考えて、あえて申し上げる次第です。この想定は、勝手な仮定をしている訳ではありません。小泉内閣では女系天皇容認の論を主張されていた笠原英彦先生も当時から「皇婿《こうせい》を供給する皇配族が現代の日本には存在しない。もはや一般の男性の中から皇婿にふさわしい人材を見出すほかはない。もちろん皇室の格式などを考慮すれば、戦後まもなく臣籍降下した十一宮家など旧宮家の関係者がまず対象となる可能性もある」と述べられています。[2] 立法府として制度設計の前提として真剣に想定するべきであると考えます。

第二の想定です。与党及び多数派が「皇族と国民が一つの家庭に同居しているのは不都合ではない」と主張、押し切るとします。この想定に反対ではありません。正直なところ、「不都合」と主張する根拠に説得力があるとは言い難いです。

しかし、皇位継承問題は静謐《せいひつ》な環境の中で党派の垣根を越えて後世に禍根を残さない形で与野党が合意するのが望ましいです。皇室に累を及ぼさないためです。よって、特定の党派が強硬に反対している論点を押し切るのが、政治的に好ましいかを懸念します。また「九月より前に短期間で」となると、さらに懸念が生じます。

仮に与党を代表する自民党と野党第一党である立憲民主党が合意できるような場合には賛成しますが、この想定に関しては対象外ですので、立場の表明に留めます。

第三の想定です。内親王殿下あるいは女王殿下が一般国民の方と結婚したいとのご意向を曲げられない場合です。

皇族の方々がそのように強く決心された場合に、誰が止められましょうか。その場合、皇籍を離脱していただき、一般国民となっていただくとするのが、現行の皇室典範の規定です。①案も、当然ながら

注1　たとえば、立憲民主党の馬淵澄夫議員は、「政治活動の自由などの権利や財産関係に問題が生じかねない」と自身のブログで主張されている（週刊まぶちNEWS第1128号）。仮にそのような問題が生じるとしても、一般人の男性が皇族となる未曽有《みぞう》の事態に比べ、些末《さまつ》な問題とは思われる。馬淵氏の懸念が本当に生じるかどうかは、本論の対象外である。

　馬淵氏は、そのような問題を起こす可能性がある、人格的に問題のある男性が女性皇族と結婚することを想定していることになるが、馬淵氏の主張どおり、そのような問題ある男性が女性皇族と結婚して皇族の身分を取得する場合の方が、皇族ひいては皇室に対する国民の感情を悪化させることとなり、皇室の将来を危ぶませることとなるであろう。逆に、日本国憲法施行後に結婚して皇族の身位を離れた元内親王と元女王には、政治活動の自由が認められているが、馬淵氏が述べるような問題を起こした方は一人もいない。

注2　笠原英彦『女帝誕生　危機に立つ皇位継承』（新潮社、二〇〇三年）一九一頁。

女性宮家も諦《あきら》めます。

以上の三つの想定の場合には、「准皇族」の介在する余地はありません。第一の想定の場合には、考慮が不要です。しかし、仮に第二の想定が実現せず、第三の想定で女性皇族の皇籍離脱を忸怩《じくじ》たる状態だと考えた場合に、第四の想定となります。

第四の想定です。女性宮家を創設するにせよしないにせよ、「①内親王・女王が婚姻後も皇族の身分を保持することとする」となった前提です。その前提の上で、内親王殿下あるいは女王殿下が一般国民の方と結婚したいとのご意向を曲げられない場合です。この二重の前提の場合に配偶者の方には「准皇族」となっていただくとの主張だと理解しています。

これは野田内閣における「皇室制度に関する有識者会議」において、日本中世史家の今谷明先生がヒアリングでの質疑において述べられた言葉だと承知しています。[3] 今谷先生は当日の有識者会議ヒアリングの趣旨だけでなく御著書でも、「先例を柔軟に運用してきたから皇室は存続してきた」とご主張されています。[4]

ここで言う「准皇族」とは、皇族の形式を持ちませんが、ただ一つを除いて実質的には皇族である存在です。待遇は皇族と同じですが、皇籍は取得できません。子も同じです。当然、配偶者にも子供（男女問わず）にも、皇位継承権はありません。皇族の形式を持たないことによって、皇族の身分という形式とそれに伴う皇位継承権という実質は有さないのが、「准皇族」であると理解しています。

なお、皇室の先例に倣えば、准皇族の方の敬称は殿下となるでしょう。[5] 民間人の男性が陛下と呼ばれた先例は、我が皇室にただの一度もありません。[6]

3. 准皇族とは

いわゆる「准皇族」について、学界での常識と思われる事実に基づいて述べます。[7]

形式的には、前近代において「准皇族」の先例と言える存在に、准后《じゅごう》（准三宮、准三后とも）があります。皇后・皇太后・太皇太后の三后に次ぐ存在としての称号で、皇族だけでなく、多くの臣下にも宣下されました。

貞観《じょうがん》十三年（八七一年）に時の清和《せいわ》天皇が藤原良房に、封戸《ふうこ》と随身兵仗《ずいじんへいじょう》を与えるとともに、三后に准じて年官（官職推薦権）を付したのが初例とされます。[8] 以後制度化され、約千年に亘る先例が存在します。人物によっては准后になったかならなかったかで議論はありますが、二百二十例以上の先例が存在するのは確実です。

注3　平成24年2月29日。

注4　今谷明『象徴天皇の源流』（新人物往来社、二〇一一年）。同著では、先例に准じつつ時代に合わせた運用を行い、それでいて大枠を守る重要性を縷々《るる》述べられている。皇室における「准」の意味を理解するためにも、ご一読いただきたい。

注5　古くは、摂政・関白・将軍など男性の臣下にも「殿下」の敬称は許されてきた。有名な例では「太閤殿下」のように。農民の子供の豊臣秀吉も敬称は殿下であった。

注6　足利義満が死後に「鹿苑院太上法皇」の尊号を贈られようとした例はあるが、室町幕府により辞退された。

注7　以下、断りが無い限り、樫山和民「准三宮について：その沿革を中心として」（『書陵部紀要』第三十六号、一九八五年）に基づいて論じる。

注8　『日本三大実録』十九、貞観十三年四月十日条。ただし、この時は最晩年（翌年に死去）の良房に対して、経済的恩典を与えるとともに形式的な待遇を与えただけであり、「准三后にする」のような宣下があった訳ではない。制度化されて准三后の先例とされたのは後世のことである。

准后は、多様な運用がなされました。清和天皇以降に外戚関係にある摂関に宣下、村上天皇が未婚の皇族女性に、後冷泉天皇が後宮の女性に、そして白河天皇が皇族以外の僧にも拡大、定着したとされます。

摂政関白が現役あるいは退いた後に宣下される「摂関准后」は、初例とされた良房以降に三十八例あります。

皇族に宣下された「皇族准后」は六十二例あります。内一例のみが親王で、他はすべて内親王・女王に対する宣下です。その後に入内して皇后になった例も存在します。なお、一条天皇と定子皇后の子の敦康親王は皇位継承を断念したという政治的事情があり、俗体のまま准三后となった親王の唯一の例となりました。[9]

後宮准后は五十一例あります。天皇の妻である皇后に准じるので、皇女以外の後宮の女性にも宣下されました。

僧徒准后は五十七例あります。その内、皇族出身者は十六例で、非皇族出身者は四十一例です。その多くは高僧に対する称号の意味合いが強いが、室町幕府宿老会議の調整役であった三宝院満済《さんぼういんまんさい》に対しては、権威付けの意味合いが認められます。[10]

以上に分類できない事例は、十四例あります。足利義満のように権力者としての絶頂期に宣下された者もいますが、北畠親房・足利義視・足利義昭のように引退時の称号として宣下された者も多いのです。[11]

ちなみに最後の准后宣下は、明治元（一八六八）年の前関白九条尚忠《ひさただ》に対してです。尚忠は明治四年まで生きましたが、最後の准后存命者は桂宮淑子内親王殿下で明治十四年まで生きられました。言うまでもなく、淑子内親王殿下は女性宮家の先例とされる方です。

准后は、最初は経済的恩典として与えられ、やがて称号となっていきました。明らかに権力者の箔付《はくつ》けとして宣下された例もありますが、逆に政界引退時に贈られた称号の意味合いの場合もあります。その運用は、融通《ゆうずう》無《む》碍《げ》であったと言えるでしょう。

なお、江戸時代には権力を伴う身分などではなく、完全な称号と認識されていたのは、松木《まつき》宗子《むねこ》（東山天皇生母）が「大准后」と称されていたの一事で理解できるでしょう。[12]

ここで二百二十二例の先例すべてについて言及するのは不可能ですが、以上の記述により准后が「准皇族」の先例であるのは理解できるでしょう。

念のための確認です。前近代において、三后は皇族の身位でありますが、皇女にあらざる三后は皇族ではないとの誤解があります。[13]しかし律令において、皇后（当然、皇太后と太皇太后も）は天皇の血を引く皇族であるのが前提であり、その三后に準じる地位は「准皇族」と呼んで差し支えありません。また最

注9　倉本一宏『一条天皇』（吉川弘文館、二〇〇三年）。

注10　森茂暁『満済』（ミネルヴァ日本評伝選、二〇〇四年）。

注11　前掲樫山論文によると、北畠親房は出家時に、義視は将軍継承断念時に、義昭は将軍辞職時に与えられた。引退時の名誉的称号とも言えよう。

注12　東大の史料編纂所のデータベースを検索すると、松木宗子（後の敬法門院）を「大准后」と呼称する史料が九件ある。当時の人々が准后を、権力を伴わない称号として認識していた事実は分かろう。

注13　明治の皇室典範（第三十条）において、成文法においては初めて、「男性皇族の皇女にあらざる女性配偶者」を皇族と明記した。確かに正式に成文法で認められたのは確かだが、明治よりはるか以前に不文法として定着していたと言える。明治の典範は、その事実の確認だと解釈すべきであり、新規立法の新儀ではない。

近の学界の研究では、「天皇および男性皇族の娘にあらざる女性配偶者」も「王家」の一員であるとの理解が一般的です[14]。よって、皇族である三后に准じる准后を「准皇族」の先例としても差支えはありません。

最後に、報道その他では「準皇族」の用例がありますが[15]、皇室において使われる場合はすべて「准」の字であるはずです[16]。

4. 憲法上の問題

積極的に「准皇族」を現代において創設せよと言うものではなく、先に述べた第四の想定の際には一般人の男性は皇族にはなれず、先例に基づけば「准皇族」までしかなれないとする立場を述べたまでです。

その立場からすると以下は蛇足ですが、議論が徒に停滞することなく、政治的決定を速やかに進捗させるべく、容易に予想される憲法論についても、当日のヒアリングで聞かれなかったのですが、述べておきます。

仮に、女性宮と一般国民の男性が結婚し、その際に配偶者の男性が「准皇族」となるならば、新たな身分を創設することになり、憲法第十四条違反が禁じる門地による差別になるとの反論が予想されます。これは不可思議な話です。それが通るなら、現在までの政府有権解釈及び憲法学の通説すべてを見直さねばならないのではないでしょうか。

通説において、「皇室は人権の飛び地」とも称されてきました。この表現を使うかどうかはともかく、憲法第十四条の平等規定をそのまま皇室に適用する学説など、管見の限り発見できませんでした[17]。

仮に差別であっても、合理的区別として許容されるのは自明でしょう。

日本国憲法下において、一般人の女性は婚姻によって皇族となることができます。これに憲法第十四条をそのまま適用すれば、男性に対する差別となり、憲法が禁じる性別による差別です。また、女性の中から特定の人物だけを皇族にしているので、他の女性に対する門地による差別でもあります。しかし、そのような学説を唱える論者など一人もいません。少なくとも知りません。なぜか。日本国憲法の人権規定は第三章「国民の権利」の言い換えです。日本国憲法は、第一章において皇室の存在を認めて

注14　たとえば、栗山圭子『中世王家の成立と院政』（吉川弘文館、二〇一二年）や佐伯智広『中世前期の政治構造と王家』（東京大学出版会、二〇一五年）など。「王家（＝皇室）に嫁いだ女性は王家の一員である」が大前提であり、成文法以前に確立された概念であると思われる。

注15　学術書でも、瀧浪貞子『藤原良房・基経』（ミネルヴァ日本評伝選、二〇一七年）のように「準皇族」を用いているが、後世の歴史家の概念規定であり歴史用語ではない。なお、同著では、藤原良房の実態を「準上皇」「準天皇」として描いている。すなわち、当時の良房が事実上の「准皇族」であったのは、古代史研究者の常識と言って良かろう。

注16　前掲『象徴天皇の源流』には、准摂政・准関白（内覧）の運用について述べられる。他に、准母。准大臣なども、皇室には存在したが、すべて「准」の字が使われた。

注17　以下の文献にあたった。芦部信喜『憲法　第七版』（岩波書店、二〇一九年）、野中俊彦、中村睦男、高橋和之、高見勝利『憲法Ⅰ　第五版』（有斐閣、二〇一二年）、佐藤幸治『日本国憲法論第二版　法学叢書7』（成文堂、二〇二〇年）、長谷部恭男『憲法　第八版』（新世社、二〇二二年）、大石眞『憲法概論Ⅱ』（有斐閣、二〇二一年）、『憲法1』（渡辺康行、宍戸常寿、松本和彦、工藤達朗著、日本評論社、二〇一六年）、伊藤正己『憲法入門　第4版補訂版』（有斐閣、二〇〇六年）、小嶋和司『憲法概説』（信山社出版、二〇〇四年）、樋口陽一『憲法　第四版』（勁草書房、二〇二一年）、初宿正典『憲法2（基本権）第3版（法学叢書　2）』（成文堂、二〇一〇年）、松井茂記『日本国憲法　第4版』（有斐閣、二〇二二年）、小林節、園田康博共著『憲法全訂』（南窓社、二〇〇〇年）、長尾一紘『日本国憲法　全訂　第4版』（世界思想社、二〇一一年）。

おり、門地そのものである皇室に対して人権規定をそのまま適用できないとの学説が一貫して支配的であるからです。どこまで適用できるかできないかに争いはあっても。

このような立場は、最近でも政府見解として概《おおむ》ね確認されています。[18] すなわち、一般論として憲法第二条を法の下の平等の「特則」としています。この日の内閣法制局の答弁は、旧皇族の皇籍取得は憲法第四条、第五条を円滑に運用するために「憲法の要請するところ」とし、「現在一般国民である皇統に属する方を新たに皇族とすることを可能とする制度を法律によって創設することについては、憲法自体が許容しているもの」としています。以上の根拠により、旧皇族の皇籍取得は新たな身分の創設にならず、門地による差別に当たらないとされています。

以上はそもそも論ですが、では仮に「准皇族」が必要とされた場合に、違憲の存在となるでしょうか。日本国憲法において、女性は誰であろうと婚姻により皇族となることができます。これに違憲の疑いを差しはさむ論者は見当たりません。旧皇族の男系男子孫の方々の皇籍取得は、合憲であるとの政府見解が示されています。これらと「准皇族」の区別があるとしたら、那辺《なへん》にあるや。

一般国民が皇族となる根拠は、成文法では日本国憲法および第二条が規定する「国会の議決した皇室典範」に由来します。

同時に、政治的観点からは、皇室の先例の尊重が求められるでしょう。では、皇室の先例とは、日本国憲法から見ると、どのような法的位置付けになるでしょうか。

芦部信喜の言葉を借りれば、「実質的憲法」です。[19] この場合の実質的憲法とは「国家の統治の基本を定めた法」であり、「成文であると不文であるとを問わない」です。

我が国の「皇室法」は、芦部の言う「実質的憲法」に当たるでしょう。皇室法とは、園部逸夫によれば、「皇室を対象とする諸規範の集合」と定義され、法源を「制定法、慣習、先例、条理、伝統等」に求められます。[20]

一般人の女性が婚姻により皇族となれるのは皇室法に則《のっと》ってであり、憲法および国会が定めた皇室典範に認めるところだからです。

旧皇族の男系男子孫の皇籍取得も同じ法原理により認められるでしょう。旧皇族の男系男子孫は、日本国憲法下でも皇族だったのであり、それ以前に室町時代の後花園天皇の特別の御由緒以来の伝統が近代になっても受け継がれたので、日本国憲法下でも皇族であった事実は否定できません。これは日本国憲法と調和してきた皇室法における慣習が根拠と解釈できます。

では、一般人の男子が皇籍取得できないのはなぜか。皇室法に反するからです。そのような先例が無く、慣習や伝統になっておらず、我が国の歴史において一度も制定法で許容されなかったし、条理に反すると考えられるからです。政治的には一時の多数決により皇室の伝統を歪《ゆが》められる事態は避けねばならないと考えますし、法的には議会も実質的憲法たる皇室法に基づいて議論すべきであり且《か》つ拘束されると解釈するのが、皇室と調和してきた日本国憲法の立場でしょう。議会は憲法より白紙委任を受けていて、憲法典の条文に反しさえしなければ一時の多数決で皇室の伝統を如何様《いかよう》にも作り変えて良いとするのは、不当な解釈であると思考します。

注18　令和五年十一月十七日衆議院内閣委員会木村陽一内閣法制局第一部長答弁。
注19　芦部信喜『憲法　新版』（東京大学出版会、一九九七年。初版は、一九九二年発行。その内容の初出は一九八五年）四〜五頁の用語。
注20　園部逸夫『復刻版　皇室法概論』（第一法規、二〇一六年、初版は二〇〇二年）七頁。

そして、「准皇族」は多くの先例があり、皇室法によって許容されています。一般人の女性が皇族になれるのと同時に皇族の実質は得られますが、一般人の男性には許されません。皇室の先例に照らせば、「准皇族」の形式までしか許されないのが我が国の皇室法です。

また、縷々述べたように、「准皇族」は身分としての運用をしていた時代もありましたが、単なる称号としての運用をしていた時代もありました。どの先例にならうかは政治的に慎重であるべきですが、実質的権力や新たな身分の創設につながらない形での創設には、憲法上のどのような問題も生じようがありません。これを政治的に認めるかどうかは最終的に国会における皇室典範の審議に委ねられるでしょうが、それは政治判断であって、合憲違憲の問題ではありません。

繰り返しますが、「准皇族」について憲法上の疑義は生じないと考えます。何よりも、速やかに与野党により国会の総意を形成する政治的な観点から、「積極的ではないが、賛成する」がその立場です。

大前提として、先に述べた想定の四の場合において、一般人の男性は「准皇族」までしかなれないとするものです。

なお、今回は女性皇族の配偶者の立場についてのみ主に述べましたが、その子供も同じです。

附録3　皇籍復帰・取得の先例

回数	復帰・取得後の諱	備考
1	**和気王**	天平勝宝七年（七五五）に臣籍降下。岡和気に。天平宝字三年（七五九）に復帰。
2	**笠王**	天平宝字八年（七六四）に恵美押勝の乱に際し皇籍剝奪。宝亀二年（七七一）に許されて皇籍復帰。再び臣籍降下。宝亀五年（七七四）に再度復帰。
3	**何鹿王**	同右。
4	**為奈王**	同右。
5	**山口王**	同右。
6	**長津王**	同右。
7	**葦田王**	同右。
8	**他田王**	同右。
9	**津守王**	同右。
10	**豊浦王**	同右。
11	**宮子王**	同右。
12	**河邊女王**	同右。
13	**葛女王**	同右。
14	**大伴王**	天平神護元年（七六五）の和気王の謀反に際して皇籍剝奪されていたが、宝亀二年（七七一）に許されて復帰。
15	**長岡王**	同右。

16	名草王	同右。
17	山階王	同右。
18	采女王	同右。
19	小月王	宝亀三年（七七二）、皇籍復帰。
20	三長真人藤野ら	天平宝字七年（七六三）、池田親王の男女五人が三長真人を賜姓されたが、彼らと推定される五人が、宝亀三年（七七二）、皇籍復帰。
21	不破内親王	称徳天皇を呪詛した疑いで皇籍剝奪も、冤罪が分かり宝亀三年（七七二）に内親王に復帰。
22	池原女王	母の氏姓に従って「栗前連枝女」と称していた山前王の女子が、宝亀十一年（七八〇）に母姓の栗前連を改め王となり、「池原女王」と改名。
23	定省王	復帰の際に親王宣下。宇多天皇となる。
①	維城王	父の皇籍復帰の際に、皇籍取得。のちに醍醐天皇となる。
②	斉中王	兄の源維城とともに皇籍取得。兄と同時に親王宣下。夭折。
③	斉世王	兄の源維城とともに皇籍取得。兄と同時に親王宣下。僧籍に。
24	是忠親王	弟の宇多天皇の即位に際し、皇籍復帰。親王宣下。
25	是貞親王	弟の宇多天皇の即位に際し、皇籍復帰。親王宣下。
26	忠子内親王	宇多天皇の皇位継承後、姉妹が皇籍復帰。
27	簡子内親王	同右。

28	**綏子内親王**	同右。
29	**為子内親王**	同右。
30	**盛明親王**	醍醐天皇第十五皇子。幼くして臣籍降下も皇籍復帰。詳細不明。
31	**兼明親王**	醍醐天皇第十一皇子。幼くして臣籍降下。藤原氏との政争が関係し、皇籍復帰。
32	**昭平親王**	村上天皇第五皇子。幼くして臣籍降下も皇籍復帰。
④	**明子女王**	第四章を参照。
33	**康資王**	源延信の子の康資が、天喜四年（一〇五六）正月五日、二世王として従四位下に叙された。
34	**通季王**	敦輔王の男子の源通季が、天永三年（一一一二）に「天暦御後」の王氏となる。
35	**顕広王**	源顕康（康資王の子）の子の顕広が、永治二年（一一四二）に王のみが任じられる正親正に任じられる。
36	**資宗王**	顕広王の孫の資宗王は、元久二年（一二〇五）、源朝臣を賜姓され、元仁元年（一二二四）、王氏に復帰して神祇伯に任じられる。以後、神祇伯に任じられた仲資王の子孫は、代々、神祇伯に任じられた際に源氏から王氏となった。しかし、彼らは皇位継承権のある皇族とは見做されていないため、事例を挙げるのは省略。
37	**惟康王**	鎌倉幕府第七代将軍。元寇に際し、臣籍降下。後に皇籍復帰の際に親王宣下。
⑤	**忠房親王**	皇籍取得の、事実上の三例目。後宇多上皇の猶子となり、親王宣下されて、忠房親王になった。父・源彦仁の臣籍降下より約二十五年後の皇籍取得。

38	久良親王	鎌倉幕府第八代将軍・久明親王の次男。嘉暦三年（一三二八）に王から源朝臣を賜姓されたが、元徳二年（一三三〇）に花園上皇の猶子となり、二十一歳で親王宣下。
39	済範親王	天保十三年（一八四二）に親王宣下。勧修寺住職を停められて伏見宮を除籍された勧修寺門跡済範親王が、文久四年（一八六四）に伏見宮に復系（のちの山階宮晃親王）。
40	隆子女王	天保十三年（一八四二）に伏見宮を除籍された幾佐宮（隆子女王）が、没後の元治二年（一八六五）に伏見宮に復籍。
41	家教	伏見宮邦家親王の第十五皇子。臣籍降下、伏見宮家に復帰して、直後に再び臣籍降下。「王」と名乗る間もなかった。

※○数字は取得。それ以外は復帰。

参考文献一覧

●全体

・皇室事典編集委員会編著『皇室事典　令和版』（KADOKAWA、二〇一九年）
・笠原英彦『歴代天皇総覧　皇位はどう継承されたか』増補版（中公新書、二〇二一年）
・『天皇の歴史』全十巻（講談社学術文庫）特に有益なものは章ごとに記した。
・所功『「天皇学」入門ゼミナール』（藤原書店、二〇二四年）

・倉山満『決定版　皇室論　日本の歴史を守る方法』（ワニブックス、二〇二三年）
・倉山満『自由主義憲法　草案と義解』（藤原書店、二〇二四年）
・倉山満『嘘だらけの日本古代史』（扶桑社新書、二〇二三年）
・倉山満『嘘だらけの日本中世史』（扶桑社新書、二〇二四年）

●序章

・今谷明『室町の王権　足利義満の王権簒奪計画』（中公新書、一九九〇年）
・君塚直隆『パクス・ブリタニカのイギリス外交―パーマストンと会議外交の時代―』（有斐閣、二〇〇六年）
・君塚直隆『物語イギリスの歴史』上、下（中公新書、二〇一五年）
・園部逸夫『皇室制度を考える』（中央公論新社、二〇〇七年）
・園部逸夫『皇室法概論　皇室制度の法理と運用　復刻版』（第一法規、二〇一六年）
・園部逸夫『皇室法入門』（ちくま新書、二〇二〇年）

・芦部信喜『憲法　第七版』（岩波書店、二〇一九年）
・美濃部達吉『憲法撮要』（改訂第五版　復刻版、有斐閣、一九三二年、三刷）

●第一章

・『日本書紀』①〜③（小島憲之、他校注・訳、小学館、一九九四年〜一九九八年）
・『古事記』（山口佳紀、神野志隆光校注・訳、小学館、一九九七年）
・イブン・カイイム・アルジャウズィーヤ『イスラームの天国』（水谷周訳、国書刊行会、二〇一〇年）
・大津透『天皇の歴史1　神話から歴史へ』（講談社学術文庫、二〇一七年）
・武光誠『誰が天照大神を女神に変えたのか』（ＰＨＰ新書、二〇一六年）
・山口志穂『オカマの日本史　禁忌なき皇紀２６８１年の真実』（ビジネス社、二〇二一年）

●第二章

・武光誠編『古代女帝のすべて』（新人物往来社、一九九一年）
・服藤早苗編著『歴史のなかの皇女たち』（小学館、二〇〇二年）
・倉本一宏『蘇我氏　古代豪族の興亡』（中公新書、二〇一五年）
・義江明子『推古天皇　遺命に従うのみ　群言を待つべからず』（ミネルヴァ日本評伝選、二〇二〇年）

●第三章

・宮内庁書陵部編『皇室制度史料　后妃1』（吉川弘文館、一九八七年）
・宇治谷孟『続日本紀　全現代語訳』上・中・下巻（講談社学術文庫、一九九二年、一九九五年）
・神道大系編纂会編『神道大系　朝儀祭祀編2』（神道大系編纂会、一九九三年）
・吉川真司『天皇の歴史2　聖武天皇と仏都平城京』（講談社学術文庫、二〇一八年）

・上田正昭『日本の女帝　古代日本の光と影』（講談社現代新書、一九七三年）
・喜田貞吉『喜田貞吉著作集　第3巻　国史と仏教史』（平凡社、一九八一年）
・渡部育子『元明天皇・元正天皇　まさに今、都邑を建つべし』（ミネルヴァ日本評伝選、二〇一〇年）
・林陸朗『光明皇后　人物叢書新装版』（吉川弘文館、一九八六年）
・瀧浪貞子『光明皇后　平城京にかけた夢と祈り』（中公新書、二〇一七年）
・瀧浪貞子『最後の女帝孝謙天皇』（吉川弘文館、一九九八年）
・土田直鎮、他編纂『井上光貞著作集第1巻　日本古代国家の研究』（岩波書店、一九八五年）
・松田信彦「日本書紀の葬送記事から見た日本古代の葬送儀礼」（『万葉古代学研究所年報』第6号、二〇〇八年）

●第四章

・河内祥輔、新田一郎『天皇の歴史4　天皇と中世の武家』（講談社学術文庫、二〇一八年）
・勝浦令子『橘嘉智子』人物叢書新装版（吉川弘文館、二〇二二年）
・今正秀『日本史リブレット人　藤原良房　天皇制を安定に導いた摂関政治』（山川出版社、二〇一二年）
・瀧浪貞子『藤原良房・基経　藤氏のはじめて摂政・関白したまう』（ミネルヴァ日本評伝選、二〇一七年）
・朧谷寿『藤原道長　男は妻がらなり』（ミネルヴァ日本評伝選、二〇〇七年）
・川尻秋生『全集日本の歴史第4巻　平安時代　揺れ動く貴族社会』（小学館、二〇〇八年）
・目崎徳衛『貴族社会と古典文化』（吉川弘文館、一九九五年）

●第五章

・慈円『愚管抄　全現代語訳』（大隅和雄訳、講談社学術文庫、二〇一二年）
・橘健二、他校注・訳『大鏡』新編日本古典文学全集34（小学館、一九九六年）
・永井晋『八条院の世界　武家政権成立の時代と誇り高き王家の女性』（山川出版社、二〇二一年）

・安田元久『人物叢書新装版　後白河上皇』（吉川弘文館、一九八六年）
・遠藤基郎『日本史リブレット人　後白河上皇　中世を招いた奇妙な「暗主」』（山川出版社、二〇一一年）
・久保田淳校注・訳『建礼門院右京大夫集・とはずがたり』新編日本古典文学全集47（小学館、一九九九年）
・飯倉晴武『地獄を二度も見た天皇　光厳院』（吉川弘文館、二〇〇二年）
・山田彩起子『中世前期女性院宮の研究』（思文閣出版、二〇一〇年）
・岡野友彦『院政とは何だったか　「権門体制論」を見直す』（PHP新書、二〇一三年）
・今谷明『中世奇人列伝』（草思社、二〇〇一年）

第六章

・宮内庁書陵部編纂『皇室制度史料　儀制　大嘗祭一』（宮内庁、二〇二一年）
・鳥越憲三郎『大嘗祭　新史料で語る秘儀の全容』（KADOKAWA、一九九〇年）
・吉野裕子『天皇の祭り　大嘗祭＝天皇即位式の構造』（講談社学術文庫、二〇〇〇年）
・藤田覚『天皇の歴史6　江戸時代の天皇』（講談社学術文庫、二〇一八年）
・熊倉功夫『後水尾天皇』（中公文庫、二〇一〇年）
・久保貴子『後水尾天皇　千年の坂も踏みわけて』（ミネルヴァ日本評伝選、二〇〇八年）
・久保貴子『人物叢書新装版　徳川和子《とくがわまさこ》』（吉川弘文館、二〇〇八年）
・久保貴子「徳川和子――天皇家に尽くした『将軍の娘』将軍の威信を背負って京に嫁ぎ、実家と婚家の融和に努める」（特集　天皇家を支えた女性たち：特集ワイド　天皇家2000年を支えた女性たち）『歴史読本』54⑿（通号846）（KADOKAWA、二〇〇九年十二月）
・所京子「後桜町上皇年譜稿」（『岐阜聖徳学園大学紀要、外国語学部編』40集、二〇〇一年）
・武部敏夫『和宮《かずのみや》　オンデマンド版』人物叢書新装版（吉川弘文館、二〇二一年）

●第七章

・宮内庁書陵部編纂『皇室制度史料　摂政　1』（吉川弘文館、一九八一年）
・明治神宮編『大日本帝国憲法制定史』（サンケイ新聞社、一九八〇年）
・伏見博明著、古川江里子、小宮京編『旧皇族の宗家・伏見宮家に生まれて　伏見博明オーラルヒストリー』（中央公論新社、二〇二二年）
・川瀬弘至『孤高の国母　貞明皇后　知られざる「昭和天皇の母」』（NF文庫、二〇二〇年）
・森暢平『天皇家の恋愛　明治天皇から眞子内親王まで』（中公新書、二〇二二年）

●終　章

・樫山和民「准三宮について　その沿革を中心として」（『書陵部紀要』第36号、一九八五年）
・「皇族数確保で浮上した『准皇族』案　与野党で様々な主張が交錯中」（『選択』二〇二四年七月号）

〔著者略歴〕

倉山 満（くらやま・みつる）

1973年、香川県生まれ。皇室史学者。憲政史研究家。（一社）救国シンクタンク理事長兼所長。中央大学文学部史学科国史学専攻卒業後、同大学院博士前期課程を修了。在学中より国士舘大学で研究員を務め、日本国憲法などを教える。現在、ブログ「倉山満の砦」やコンテンツ配信サービス「倉山塾」やインターネット番組「チャンネルくらら」などで積極的に言論活動を行っている。著書に、『嘘だらけの日本中世史』『嘘だらけの日本古代史』（扶桑社）、『自由主義憲法〔草案と義解〕』（藤原書店）、『自民党はなぜここまで壊れたのか』（PHP研究所）、『藤井聡太に学ぶ　天才ではない人のための人生の闘い方』『教科書では絶対教えない偉人たちの戦後史』『教科書では絶対教えない偉人たちの日本史』『東大法学部という洗脳』『【新装版】世界の歴史はウソばかり』（ビジネス社）など多数ある。

編集協力／倉山工房

皇室の掟

2025年 3 月 15日　第 1 版発行

著　者　倉山 満

発行人　唐津 隆

発行所　株式会社ビジネス社

〒162-0805　東京都新宿区矢来町114番地　神楽坂高橋ビル５階
電 話　03(5227)1602（代表）
FAX　03(5227)1603
https://www.business-sha.co.jp

印刷・製本　株式会社光邦
カバーデザイン　大谷昌稔
本文組版　メディアタブレット
営業担当　山口健志
編集担当　本間肇

ISBN978-4-8284-2707-2

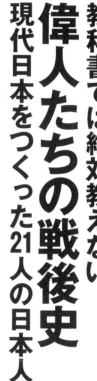